天下彝家 笃慕园

总顾问／张祖林
总策划／罗应光 饶南湖
主编／杨兴荣 杨洋
执行主编／普洪光
本卷主编／曾丽娟

云南出版集团
云南人民出版社

《文化玉溪》丛书编委会

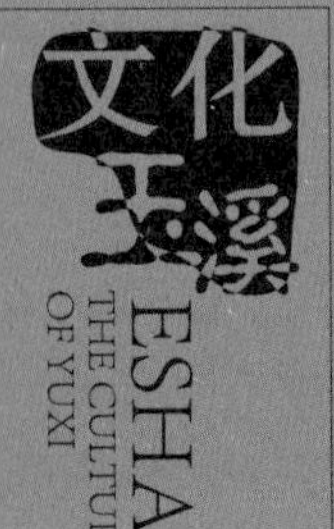

ESHAN
THE CULTURAL ASPECTS
OF YUXI

峨山

《文化玉溪·峨山》

本卷编委会

文化玉溪

ESHAN

THE CULTURAL ASPECTS OF YUXI

峨山

图书在版编目（CIP）数据

文化玉溪．峨山 / 曾丽娟主编．-- 昆明：云南人民出版社，2015.12

ISBN 978-7-222-13651-9

Ⅰ．①文… Ⅱ．①曾… Ⅲ．①文化史—峨山彝族自治县 Ⅳ．① K297.43

中国版本图书馆 CIP 数据核字 (2015) 第 283610 号

ESHAN THE CULTURAL ASPECTS

创意策划： 云南出版集团公司产业发展部

出 品 人： 刘大伟

责任编辑： 刘 焰 文艺蓓 刀金梅

设计总监： 袁亚雄

装帧设计： 云南非鸟文化传播有限公司

责任校对： 陈春梅

责任印制： 洪中丽

【文化玉溪·峨山】

主编： 曾丽娟

出版： 云南出版集团 云南人民出版社 // **发行：** 云南人民出版社

社址： 昆明市环城西路 609 号 // **邮编：** 650034

网址： www.ynpph.com.cn // **E-mail：** ynrms@sina.com

开本： 787mm×1092mm 1/16 // **印张：** 16 // **字数：** 110 千

版次： 2015 年 12 月第 1 版第 1 次印刷 // **印刷：** 玉溪玉报印务有限责任公司

书号： ISBN 978-7-222-13651-9 // **定价：** 59.00 元

如有图书质量与相关问题请与我社联系

审校部电话：0871-64164626 出版部电话：0871-64191534

总 序

聂耳故乡、生命摇篮——玉溪，是一座风光秀美、地灵人杰、文化独特的城市。

玉溪位于彩云之南、滇中腹地。东南与红河州相连，西北与楚雄州接壤，西南与普洱市交界，北部与昆明市为邻。昆（明）曼（谷）高速公路和泛亚铁路，像两条长长的游龙在玉溪的山水间穿越，市内四通八达的交通网络像经脉一样，连接着自然与人类、地域与认知、景色与情感，使玉溪成为通往东南亚、南亚的重要交通枢纽。玉溪独特的区位，波状起伏的高原地貌，立体温润的气候，像一双无形的手，把巍峨连绵的群山、逶迤清澈的溪流、毗连成群的湖泊安放在1.5万平方千米的大地上，成就了一幅气势磅礴、美丽绝伦的山水画卷。千百年来，勤劳智慧的玉溪人民，在“画”中播种着希望，收获着幸福，创造着多姿多彩的地域文化。这些文化星罗棋布，在这块神奇的土地上大放异彩，于是玉溪的山有了血脉，水有了情怀，人敢于担当，文化有了个性。

玉溪的山有血脉。5.3亿年前的古生物化石，是“生命的开始之地”、世界级自然遗产——澄江帽天山的血脉；以牛虎铜案为代表的青铜文化，是古滇国的核心区、国家级文物保护单位——江川李家山的血脉；记录古今文人墨客足迹、抒发政治家豪情、充满人生哲理的匾联文化，是秀甲南滇的通海秀山的血脉；在密林深处延伸着青春梦想的茶马古道、元江哈尼人雕刻在云里雾里的那诺梯田，用婀娜多姿的舞蹈和华美的服饰再现着古滇王国辉煌的花腰傣民俗文化，是新平戛洒自西北向东南一泻千里的哀牢山的血脉。山有了血脉，就有了生命、有了魅力！

玉溪的水有情怀。高远、包容、厚重是玉溪水的情怀。玉溪是一座潭泉、湖泊拥抱着的城市。这里溪流纵横、蜿蜒前行，滋润着万顷田畴，最后汇成南盘江和元江而奔向远方的大海；这里湖泊成群，抚仙湖、星云湖、杞麓湖和东风水库、飞井海、碧湖、玉湖等自然之湖和人工之湖像明珠一样在滇中大地闪烁着耀眼的光华。以清澈（Ⅰ类水质）、深邃、厚重、美丽为特质的抚仙湖蓄水量就有206.2亿立方米，占全国淡水湖泊的近1/10、占云南省九大高原湖泊的67%，是滇池的12倍、洱海的6倍。而且抚仙湖千百年来还守护着一个在地平面消失了的古城秘密，中央电视台两次水下探秘，也未能揭开水下古城神秘的面纱。玉溪水的特质，是玉溪人所具有的高远、包容、厚重精神的自然呈现。

玉溪的人敢担当。千百年来，在风云际会的历史舞台上，活跃着玉溪籍风流人物的身影。“军政双全”的三国蜀臣李恢、直言敢谏的明代言官王元翰、一生忠义的明朝大学士雷跃龙、政绩卓著的清代名臣赵士麟等，他们凭着一腔热情和担当名垂史册。禁烟运动的思想先驱朱嶟，冒着被贬的风险举荐林则徐，成就了虎门销烟的壮举。辛亥革命的枪炮声中打出的罗佩金、李鸿祥、谢汝翼、郑开文等玉溪籍将军群，在“重九起义”、援川、西征等战斗中建立功勋。在最危险的时候，聂耳谱写出时代最强音《义勇军进行曲》的旋律，发出中华民族最后的吼声。“滇军完人”唐淮源在中条山战役中率领将士抒写抗战史上最悲壮的一页。他们的民族气节惊天地、泣鬼神，他们的精神激励着一代又一代中华儿女，冒着敌人的炮火前进！还有落笔惊风雨的草书大家阚祯兆、钩摹勒石撰法帖的书画大家周於礼、文化交流的友好使者纳忠和纳训、主持翻译出版《资本论》的郑易里、缔造白药传奇的曲焕章，他们用知识和智慧造福人类，用心血和创造抒写灿烂人生。今天的玉溪人，血管里涌动着先辈的血液，正以敢为天下先的精神奋力前行，创造了“红塔山”奇迹，使玉溪戴上了“中国十佳休闲宜居生态城市”“国家园林城市”“国家卫生城市”“十佳和谐发展城市”“中国特色魅力城市”等桂冠，玉溪近十年就为国家和云南省上缴税收两千多亿元。

玉溪的文化有个性。玉溪是美丽中国版图中的一个部分，玉溪文化是中华文化这个母体中孕育发展的区域文化。长期以来，玉溪文化在传承本土文化中发展、在吸纳中原文化和其他文化中创新，自然与中华文化血肉相连，承载着中华文化的基因，呈现着多元文化的特质。但由于地理环境、历史人文、经济政治条件等方面的差异，玉溪文化在几千年历史文化积淀的基础上，也形成了自己的个性。玉溪的奇山秀水和万顷田畴就是这种文化个性形成的自然基础，像星星一样闪烁着光华的文物古迹就是这种文化个性的历史结晶，多姿多彩的民族风情就是这种文化个性的风俗再现，美丽的乡村、亮丽的城镇就是这种文化个性的时代见证。从微观看，玉溪文化的个性就是元江的它克崖画，就是玉溪人崴天下的花灯，就是玉溪窑烧出的一件件青花瓷器，就是世界上历时最长的节日——玉溪米线节。一句话，玉溪文化的个性就是千百年来玉溪人血液里流动着的敢为人先的精神气质！

玉溪文化的个性需要挖掘、需要审视、需要梳理、需要再现。“文化玉溪”丛书采用“1+9”的结构，即以一个综合卷为概览，综合介绍全市最精彩的文化现象。九个县区分卷，则分别介绍各县区的文化特色。“文化玉溪”丛书力图用历史的眼光，从文化的视角，对玉溪文化进行挖掘、梳理和审视，并用文化散文的形式，图文并茂地再现玉溪文化的精彩和个性。“文化玉溪”丛书的编辑出版，对于传承玉溪历史文明成果，促进玉溪文化繁荣，提升玉溪知名度，凝聚全市人民的智慧和力量，在实现中华民族伟大复兴中国梦的征程中，干在实处、走在前列，必将发挥重要的作用。

目录

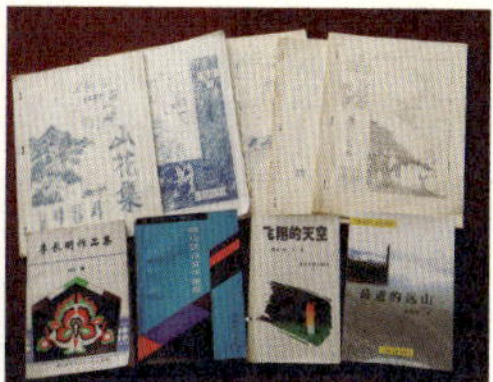

梦想的传递　历史的担当（代序）

彝族人文祖先阿普笃慕的故事，以彝文典籍和民间传颂的形式，一直流传在彝族民间。

它像燧石擦出的火花，照亮了无尽黑暗；

它像持续而坚定的火塘热灰，温暖抚慰着习惯了辗转迁徙却又颠沛流离的心灵；

它像跳跃明快的火把，指引鼓励着无数人追寻希望、探索未来的勇敢脚步。

彝族先民就是在这神话与现实的交融中拓步前行，一路走来，把梦想的光亮传递了千百年，将历史的重量担当在万水千山。

他们给自然母亲的会心一笑，在毕摩低回的吟唱中记录下来；

他们与命运之神不屈的抗争，在花鼓粗犷豪迈的舞姿中震荡传扬；

他们对爱人的温柔缠绵，撩拨起四弦四腔纤敏的神经，在百转千回的酒歌中一唱三叠。

这就是滇中大地上，储藏了几个世纪的历史传说；这也是峨山这个朴实的地名下，每天都在发生的普通人的日常生活。

峨山是沉默的家园。如果你初来乍到，一时找不到投亲访友的热闹，你可以随便在街边或河岸坐下，静静地听一听，轻轻地闻一闻，鸟语花香随即破空而来，恰似如约而至。你还可以选择任何一条街道，悠闲自在地走上十分钟，即会发现自己不知不觉已然置身乡野，被连绵起伏的青山包围，环绕在温情脉脉的手臂之中。田畴阡陌，白墙黑瓦，远近村庄隐约有鸡鸣犬吠在微风中潜伏，描摹出一点“不知有汉，无论魏晋”的意思；等到炊烟在斜阳中袅袅升起，就更增加了些朱雀桥头、乌衣巷口的风度；及至星汉横斜、斗转星移，深沉幽蓝衬托出天马行空的灿烂苍穹，你会惊叹久违的黑夜竟然如此美丽，而如此沉默的美丽竟然近在咫尺。“危楼高百尺，手可摘星辰。不敢高声语，恐惊天上人。”诗意的温柔从心底自然流露，与亘古的美丽不期而遇，在此时、此地，存在与感知的对话幻化成玄而又玄的永恒。

峨山是好客的乐土。如果你久居此地，身心已经在与天时节令的神秘感应中涤荡升华，当开新街、火把节到来，你会持续感受到生命源头的莫名涌动。这个时候，天门打开了，地实收回了，节日脱掉象征和符号的外衣，还原为亲人的身份。它们像梦中的祖先和慈爱的父母，带着丰厚馈赠和诚挚祝福，相约走进你的家门；它们用慈祥的眼光关爱地看着你，仿佛你是天地间蘸满幸福和希望的糖果。在青松毛和香烟混合的气息中，你心怀感恩，呼朋引伴；在灶台炉火的映照忙碌中，你揣着喜悦，备酒置菜。大块吃肉，大碗喝酒；大声唱歌，大圈跳舞。由图腾信仰点燃的激情，经酒精催化，在血液中奔涌，让人禁不住“手之舞之，足之蹈之”。彝家的欢乐写在每个人的脸上，彝家的美食在舌尖上尽情欢畅。花鼓喧天，彻夜欢歌，豪放淳朴将民族盛会一时演化成天人共响，欢腾让简单生活绽放出自信中不息的光彩。

峨山是民族团结的海洋。千百年来，滇中大地一直是南下、北上和西进民族交汇融合的熔炉。在这个风云际会的历史舞台上，形成了一条以元江—红河为界的民族分布线：一边是品物一统的礼乐盛象，一边是万象森罗、争奇斗艳的文化大观园。如果你从未跨越过它，就很难得到众多民族开发边疆、建设家园、大放异彩的真实感受。一旦走近峨山，你就会弹响这条神秘的分界线，仿佛海岸显现出海洋深邃的内涵。当潮来之时，毕摩的吟哦如细浪密涌，在花鼓炸响的虚空中，老龙洞石器雕琢出人类原始的身形；洪水退却，彝祖阿普笃慕掰开智慧，一分为六，扩大了对天地万物的探索和命名；元明清时期，汉、回、蒙古等民族携带先进的思想制度和技术工具，加快了筚路蓝缕的演化；及至近代，星星之火掀起漫天烽烟，新中国第一个彝族自治县的高峰横空而出。待潮去之际，沙滩上闪烁着天书、刺绣、四腔、美食和彝山儿女的串串脚印；散落着宛如各色海螺的新村旧寨、古风时俗。这时，空气中哪怕只有一点点友谊、丰收或好酒的信息，它们就可以瞬间快乐起来、歌舞起来，裹挟着你，形成一个幸福的漩涡。

百闻不如一见，阅读也不能代替体验。如果这本书不经意间给了你一点关于世道人间的感动，那就是你感应到峨山发出的邀请了：

想你是挝啰，

爱你是挝啰，

等你，等你，等你是挝啰……

时间有痕，岁月无声。峨山对纯净的守候始终如一，快乐会在分享中溢出，而那个弹拨沙滩就会发出神秘之响的民族海洋，也将随时向你敞开热情的怀抱。

笃慕梦园

梦想开始的地方，一定拥有我们展开理想的翅膀飞翔的天空。

梦想飞扬的大地，就是我们与生俱来让生命燃烧不息的家园。

彝族是中华民族大家庭里的一员，是绽放在960万平方千米苍茫大地上的56朵鲜花中的一朵。美好的家庭需要有人呵护，盛开的鲜花需要有人欣赏。

阿普笃慕是中国彝族人民共同承认和尊奉的人文祖先，作为中国第一个彝族自治县，峨山拥有太多有关记载阿普笃慕的彝文经典史籍和迷人传说。正因为如此，峨山率先在国内建立了阿普笃慕文化园，成为彝族人民缅怀和纪念祖先的圣地。在阿普笃慕灵息吹拂的地方，人杰地灵，山河锦绣，人才辈出，梦想遍地盛开，神话传说燃烧在每个不熄的火塘。

狂野的山风吹醒了古人类沉睡的洞穴。

古老的彝文昂首挺胸走出神秘的经箩。

嶍峨巍巍，猊练猕猕。滇中烽火，始于峨邑。历代俊杰，精神永远；先辈光辉，照耀后人；展望未来，豪情满怀。

在灵息吹拂的大地上，我们已经倾听到了新世纪激动人心的呼唤。

彝祖阿普笃慕与峨山

穿越祖先与子孙的来龙去脉，在一呼一吸间，你我的容颜在天地间美丽如虹。

彝族人文祖先阿普笃慕属于每个居住生活在蓝天下的彝族人，他的形象就像一年四季盛开的山花，美化着每个彝人的生命。当你怀着激动的心情走进“阿普笃慕文化园”的时候，你会陡然感觉到阿普笃慕其实就在你心中，就在阳光所到之处……

倘若你有幸踏上峨山这片神奇的土地，你应该走进阿普笃慕文化园，感受一次彝族祖先阿普笃慕的灵光，不然，你会无意中留下一生的遗憾。相信你一旦站在阿普笃慕铜像前，凝视着阿普笃慕粗犷、肃穆的面容，你心里一定会不由自主地升腾起一股敬畏之情，你会陡然感觉到，一个古老民族永恒的辉煌与奋斗精神，就在周围的阳光里燃烧，就在你身边的微风里汹涌。

峨山彝族自治县阿普笃慕文化园，始建于2009年年初，同年11月竣工，位于县城东部的猊、练两江交汇处；总占地面积19亩，园内分别塑有阿普笃慕及其6个儿子慕雅切、慕雅考、慕雅热、慕雅卧、慕克克、慕齐齐等7尊栩栩如生的铜像。6个儿子分别3个一列站立在阿普笃慕雄伟高大、肃穆庄严的半身铜像前那块宽敞的祭祀广场两侧。其中，阿普笃慕为半身铜像，高8.1米，坐西朝东，两层台基高2.8米，基座高3米，基座四周镶嵌着6幅按照“彝族

活在浮雕上的传说

祖先阿普笃慕的传说”而设计安排的大理石浮雕，横立在阿普笃慕铜像背后的照壁上，分别用彝、汉两种对照文字阴刻着《彝族祖先阿普笃慕》的传说故事；而阿普笃慕6个儿子均为全身铜像，身高3米，基高1.2米，神态各异，英俊潇洒，既有原始豪放的风采，又有称霸一方为王的威严。

晴朗的早晨，每当旭日东升，整个阿普笃慕文化园便笼罩在橘黄色的光芒之中，使你仿佛置身于一个充满神秘色彩的世界，浮想联翩，心旷神怡。特别是面朝东方的阿普笃慕，显得目光炯炯、威风凛凛，头上高高翘起的英雄结，在阳光下闪耀着一代彝王的丰功伟绩。在明月高悬、群星璀璨的夜晚，阿普笃慕文化园内更是灯火辉煌、游人如织，阿普笃慕及其6个儿子的形象，反射出耀眼的金光，让人流连忘返，久久踟蹰园内，不忍离去。

徜徉在“阿普笃慕文化园”，每个彝人都会在内心深处油然而生一股寻根溯源、谒祖归宗的满足与惬意。

作为中国第一个彝族自治县，峨山拥有悠久而丰富多彩的彝族民间文化艺术，阿普笃慕文化园的建设，目的就是倾力打造彝族文化品牌，以“天下彝家　笃慕梦园”为主题，努力发展祖先文化，逐步把峨山建设成为一个弘扬彝族传统文化的重要活动中心。

2009年11月26日，峨山彝族自治县隆重举行了彝族人文祖先阿普笃慕铜像开光仪式暨首届祭祖节。来自云南、四川、贵州、广西等地的彝族领导、彝族学专家和从四面八方赶来的彝族同胞，一起参加了阿普笃慕铜像开光揭幕仪式暨祭祖大典。这一天，整个峨山县城沸腾了，到处人山人海，一张张充满激情的脸，在阳光下闪烁着无比的自豪和幸福；一颗颗沉浸在激动中的心，在呼唤着祖先阿普笃慕永恒的灵魂，都在感受着一个古老民族不朽的精神。这一天，随着峨山县人大常委会主任陈爱军代表所有彝族人民在阿普笃慕铜像前恭颂祭祖词的声音，每个彝人的梦想飞翔起来了，怀念的情绪在风中交织成浓浓的感恩，一双双满含热泪的眼睛在深情的诵读声中闪烁永恒的光芒。

高山仰止阿普笃慕

树大根深，枝繁叶茂；水长流远，奔腾浩荡。我族有源，源自远古；阿普笃慕，我族祖先；神州大地，继而敬之；族胞血脉，代代相承。我祖笃慕，希德依后；三十六世，洪水滔天；葫芦救祖，劫后余生。历尽磨难，娶妻三仙，生育六子，史称六祖。六祖分支，辟土开疆。长次武乍，繁衍滇地；三四糯恒，远走川南；五六布默，迁徙黔西。阿普笃慕，我族祖先；至今历年，二千八百；沧桑岁月，浩瀚无边；经典篇章，历历在目。爨氏称雄，南诏统滇。曾几何时，鼎盛繁荣；疆域辽阔，雄踞哀牢。十月阳历，领先世界；古滇文化，灿烂如虹。远事难稽，近事可述。当年红军，长征万里，彝海结盟，载入史册。开国领袖，亲赐族名，改夷为彝，寓意富庶。今日我族，聚会峨山，敬天祭祖，意义有三：我祖笃慕，历练一生；万苦千辛，生生不息；缅怀追远，万世弗忘。笃慕恩泽，福佑永绵。此为其一。而今族胞，同乐中华；国富民强，创建和谐。民族团结，共同发展，告慰先祖，永兹瑞康。此为其二。我族渊源，历经千年；文韬武略，世代辈出；后继子孙，秉承孝德，力争上游，共铸诗篇。此为其三。我祖笃慕，高山仰止；遥想当年，丰功伟绩；庇我后代，人文昌盛，百业辉煌；而今我族，聚首峨山，寻根溯源，谒祖昭宗。嗟我始祖，福祉天下；皇天后土，吉祥千秋；不忘根源，血脉永承；心驰神往，共祭我祖。伟哉！伏惟尚飨！

恭颂完毕，全场沉浸在肃穆的缅怀之中。

那是个难忘的时刻，那是个把相距2800多年的心拉近凝聚在一起的日子。

彝族是中华民族大家庭里一个具有悠久历史的古老民族，阿普笃慕是居住生活在全国各地的彝族同胞普遍认同并尊奉的彝族人文祖先。关于彝族起源，有几种说法，主要是“北来说”“土著说”“南来说”。人类学、民族学和考古学等学术界的观点基本一致，认为彝族以西南土著古昆明族为主体，在漫长的历史进程中，与其他部族逐步融合发展起来。

彝文古籍《指路经》记载，阿普笃慕及其部族最早繁衍生息在以滇池地区为中心的中国西南区域，距今2800多年。《西南彝志》《洪水泛滥》和《祭祖经》等彝文古籍都记载了阿普笃慕历经洪水泛滥的过程。据彝族南部方言区彝文古籍记载，彝族父系社会从细德依始，历36世至阿普笃慕。人类遭遇滔天洪水时，阿普笃慕因为善良、诚实而幸免于难。洪水过去之后，阿普笃慕娶妻三仙女，生了6个儿子。这不仅是带有神话色彩的传说，也是一个古老民族精神的寄托。后来，阿普笃慕的6个儿子长大成人，依靠自己的智慧和武力，开拓了广阔的疆域，发展成为古彝族武、乍、糯、恒、布、默6大部落，由原来的居住地向今滇、川、黔、桂、渝等5

省、区、市分迁，并各自辟土开疆、建功立业，此史称为“六祖分支”。

阿普笃慕与其6个儿子被尊奉为各地彝族同胞的祖先，其因在此。

现有史料证实，繁衍生息在今滇中地区的彝族主体是武部后裔，其后裔实阿武第10世孙皮武古，娶妻耿叩娄益，生育8个儿子，长大后先后分别征服周围各部落，共同建立了滇国。滇国强盛时期，属地东至今天的沾益、陆良、华宁、蒙自等区域，西至今天的保山，北至今天的剑川、姚安、禄劝，南至今天的红河北岸。这些地区后来成为汉武帝时期设置的益州郡范围内各彝族部落。

公元前339—329年，楚威王派大将军庄蹻统兵从湖南沿清水江进入贵州境内，后从贵州西部进入滇池地区。这是历史上第一次中央政府征服并统一云南。庄蹻入滇后，因秦国控制了黔中地区，阻断了庄蹻归楚之路，庄蹻及其所率将士只得变服易俗，逐步融入

❶ 阿普笃慕的长子慕雅切

❷ 阿普笃慕的次子慕雅考

❸ 阿普笃慕的三子慕雅热

当地彝族之中。

地处滇中的峨山彝族，毫无疑问，是古彝族武部后裔，而峨山地区，正是历史上首次彝、汉民族大融合的中心地带。因此，只要你踏上了这片神秘的土地，你就会亲身体验到一个古老民族艰难成长的历史时光。

彝族是中华民族大家庭中的重要一员，人口近千万。由于历史的原因，彝族居住地区比较分散。现在，全国共有 3 个彝族自治州，18 个彝族自治县。峨山是中国第一个彝族自治县，峨山彝族人民建立阿普笃慕文化园，就是为了建设更加美好的民族大团结、大繁荣的今天和明天。

阿普笃慕，彝族人民永远的骄傲。

阿普笃慕，彝族人民灵魂的太阳。

❹ 阿普笃慕的四子慕雅卧

❺ 阿普笃慕的五子慕克克

❻ 阿普笃慕的六子慕齐齐

大西神山火坛

神山之上有火坛，钻木取火照族源。

大西神山是峨山彝族人民心目中的一块圣地，它和神话相依相偎。在神山火坛钻木取火得到的火种，点燃的不仅是火把节里的火把，它还点燃了彝族人民生生不息的梦想之歌。

大西神山火坛，除了让你感受它的神秘庄严外，还会让你感觉美不胜收。如果你有兴趣，还可以在路边，或者附近的山野里采摘野菜、采撷野果。有时，你还会看见树丛中突然惊飞的野鸡。

每年，峨山各地欢度彝族传统火把节，其火种就在这里通过钻木取火的方式采集。

神山火坛位于塔甸镇大西村委会境内，海拔 2364 米，2007 年 5 月竣工，参照彝族民居建筑风格设计。火坛设三层坛台，一方两圆，总高 9.6 米，四根图腾柱耸立于四角，上面分别雕刻虎、龙图腾和“葫芦救主”“钻木取火”等神话传说，取火石居三台正中央，周围镶嵌《取火经》彝文碑刻。

取火石形似龟背，也叫龟背石。传说，钻木取火就是在龟背上进行的，当时洪水泛滥，人间断了烟火。洪水退去后，彝族祖先阿普笃慕娶三仙女，从天庭拿到了五谷六畜之种，唯独忘记了火种。

阿普笃慕和三仙女请求天帝策格兹赐给人间火种，策格兹派遣太白金星下凡，然后让其变成一只大黑蜂，在乌龟驮来的枯木上，用尾刺钻木取火，当枯木冒出青烟时，天湖神蝶舞动双翅扇火，从此人间便有了烟火。

这块形似龟背的取火石来之不易。为了找到这块石头，建造者们甚至寻遍了峨山境内的绿汁江流域，却始终没有一块石头被相中。也应了“踏破铁鞋无觅处，得来全不费工夫”这句老话，就在一筹莫展之际，在火坛山脚下的公路边发现了这块石头，它身边还躺着一块相仿的石头。当地群众说，这是一对从亚尼河爬上来的乌龟，已经爬行了 9000 年了。现在，公的已经被送上了山顶，功德圆满了；母的却留了下来，还要爬行 1000 年才能到达山顶。

彝族是崇拜火的民族，生活中离不开火，开荒种地、婚丧祭祀、驱虫、狩猎、竞技，乃至战争都离不开火。彝族人家的火塘常年不熄，晚上睡觉前用热灰将火炭捂好，第二天一早扒开，火炭还在燃烧。一代代人在火塘边长大，一个个故事在火塘边流传……

大西神山火坛选址时也颇费了一番周折。选址人员跑了一天，看了许多地点，但总是不理想。当他们来到一个被当

大西神山钻木取火仪式

地人称作叫魂山的山顶时，感觉阳光有点异样，抬头一看，只见太阳周围有个巨大的彩色光环，那光环正置头顶，好像要把这个山头笼罩住一样。环顾四周，只见山顶圆润饱满、地势平缓，周围大小山头错落有致，大西花街也尽收眼底。举目眺望，新平、双柏、峨山三县群山交错、重峦叠嶂，美景尽收眼底。“就是这里了！”选址人员不约而同地欢呼起来。

说起神山火坛，也颇有几分神秘。火坛建成后，进行了封山育林，附近山寨的几个毛头小子不信邪，开辆拖拉机进山砍柴。结果，经过神山火坛旁边时，翻车了，这事一传十、十传百，现在再也没有人敢进山砍柴了。再说那个龟背石，听说有祖先庇护，也挺灵验的。还有一件趣事，几个老干部组团去参观，大家抬头望着图腾柱总觉得不正，这事被问责到施工单位，施工单位带上精密测量仪器赶到火坛一测，结果图腾柱根正基稳、毫无问题。

大西神山火坛，不仅是火把节钻木取火的地方，也是峨山彝族人民的精神圣地。

大融合——峨山各民族的昨天与今天

峨山是个以彝族为主体民族，多民族杂居的彝族自治县；峨山又是滇南茶马古道上的一个重镇，它的历史犹如在山川切割间奔腾的多声部交响乐，居住在这片土地上的各族人民，穿越风云变幻的历史时空，从老龙洞先民微弱的轻吟，经火塘边毕摩口耳相传，在山坡密林中的牛铃、四弦和花鼓上流淌。它见证了古氐羌、百越、濮和僚等民族征战交融的悲欢离合，交织着彝祖阿普笃慕六子分支后子孙繁盛、硕果累累的旋律，最终在汉、回、蒙古等多民族团结奋进的时代强音中，演化出自强不息的人天共响。

在峨山这片总面积 1972 平方千米的土地上，居住生活着 25 个民族，人口在百人以上的世居民族有 8 个，他们是彝族、汉族、哈尼族、回族、傣族、蒙古族、苗族、白族。据 2015 年末的统计数字，全县户籍总人口 164000 人，其中，彝族 87261 人。

彝族　峨山彝族是这片土地上的世居土著民族，分为纳苏、聂苏、山苏 3 个支系，遍布全县 76 个村（居）民委员会、社区，553 个自然村中，彝族聚居村寨达 340 个。其中，纳苏支系主要分布在岔河、甸中、大龙潭、富良棚和塔甸等乡（镇），人口 5.2 万余人；聂苏支系主要分布在双江、小街、化念和塔甸等街道（镇），人口 3.2 万余人；山苏支系主要聚居在西部高海拔山区的塔甸镇大西村委会和与之相邻的富良棚乡婀娜、石板村委会的20个村民小组，人口近2300人。彝族喜居山区、半山区和高海拔冷凉地区，居住地区海拔在820米至2600米之间。

据塔甸老龙洞和富良棚乡树林村石灰岩溶洞旧石器时代化石的考古发掘和研究鉴定，距今1.5万～2万年前，在峨山这片土地上就已经有了人类活动。公元前8世纪至隋唐时期，峨山境内所居族群被称为“嶍猊蛮”，他们就是峨山彝族的先民。峨山彝族有本民族的语言文字，彝语属汉藏语系藏缅语族南部方言区峨山土语，文字为古老的表音表义音节文字。在悠远的历史长河中，峨山彝族人民创造了独具特色的传统文化，内容可分为彝文古籍、文学、哲学、谱牒、民间口传文学、民间音乐歌舞、民间工艺、传统服饰、民居建筑、节日庆典、民俗礼仪、宗教祭祀等。

峨山彝族拥有丰富的民间文学，如创世纪史诗《洪水泛滥》《彝祖笃阿慕的传说》《普丕的故事》《玛贺念》《彝家花木兰》等。峨山彝族能歌善舞，民间音乐有“旗子”“白话”“四腔”“四季长腔”“阿乖乐”，还有四弦、三弦弹奏乐、口弦、树叶吹奏乐。

歌舞有大娱乐、花鼓舞。彝族民间工艺也很有名声，如石刻、木雕、草编、竹编、藤编、刺绣等。

峨山彝族男子传统服饰基本相同，妇女传统服饰因支系和区域分布的不同而有所差异，传统服饰以精美的图案设计、精湛的手工刺绣，以及鲜明的色彩对比体现出地方民族特色。彝族传统节日主要有“咪嘎哈”（祭地神节）、“本佐索”（祭山神）、“竜拉”（祭龙）、“咪赛代”（祭田地神）、“谱拉”（祭祖）等。

汉族　汉族是峨山境内人口占第二位的民族，汉族自唐宋时期由北方、两湖（湖北、湖南）、两江（江苏、江西）和浙江一带迁徙而来。明朝征服西南地区后，在少数民族地区实行封建土司羁縻制度的同时，推行军屯、民屯、商屯垦殖，从中原地区大量迁民户、商户入云南各地，峨山境内汉族人口开始不断增加。峨山汉语属北方方言区云南土语，汉族聚居区通行汉语普通话和规范汉文，风俗习惯与中原汉族相同。峨山汉族主要聚居在乡镇、街道所在的集镇和近郊平坝地区，少量人口与其他民族杂居于半山区和山区，“大聚居、小分散”是汉族分布的基本特征。

哈尼族　哈尼族旧称“和蛮”“窝尼”，与彝族同源异流，也是最早居住在峨山这片土地上的民族之一，分布在双江、化念、大龙潭、甸中 4 个乡镇和街道。哈尼族主要居住在山谷河畔水源丰沛、土地肥美、自然条件较为优越的地方。峨山境内的哈尼族有本民族的语言而无文字。哈尼族有“俄咪吐”“苦扎扎”“新米节”等本民族节日。哈尼族虽没有文字，但旧时有祭司，口耳相传着本民族的传统文化和风俗礼仪。

回族　峨山境内的回族祖先最早居住在我国西北地区，随元朝首任云南行省平章政事赛典赤·瞻思丁进入云南，辗转落籍于峨山境内。回族主要聚居在双江街道大白邑、小街街道文明和甸百亩3个村。回族居住在城镇近郊。峨山回族通用汉语和规范汉字，全民信奉伊斯兰教，经堂教育使用阿拉伯语言和文字。

其他民族 傣族主要居住在双江街道和化念镇，散居于各乡镇、街道。傣族通用汉语普通话和规范汉字，风俗习惯与当地汉族无异。蒙古族祖先随元世祖忽必烈来自北方蒙古草原，后由通海县兴蒙乡迁入峨山县境，居住在小街街道水车田、小新寨、谭昌勒3个村，散居于小街社区、县城等集镇所在地。峨山蒙古族通用汉语普通话和规范汉字，传统节日有“那达慕节”。苗族、白族主要居住在双江、小街街道和化念镇，与汉族、彝族等民族杂居，通用汉语普通话和规范汉字。居住在峨山县境内的其他民族，散居于县城和各乡镇、街道集镇，大都是在新中国成立后因工作、经商、婚姻而迁入峨山县境内的。

峨山境内民族众多，且杂居在高山丛林或平坝河谷。在漫长的历史岁月里，各民族之间始终保持着相互来往、相互尊重、和谐相处的良好习惯，在逐步形成民族大融合的过程中，出现了各民族互敬互爱、团结和睦、共同发展的大好局面。

溯源塔甸老龙洞

塔甸老龙洞的发现，鲜活地见证了早在一两万年前，峨山这片土地上自然物种演化、人类生息繁衍的欢畅场面。那一刻，鲜花炸裂，火塘点燃，时间开始了。今天，当你站在浅显的河道上回望，溶洞在庄稼地里时隐时现，仿佛那些苍凉荒古的风雨，仍然吹拂着他们漂泊不定的身影；而那些历久弥新的岁月，一直在回荡着他们永不停息的呐喊。

溶洞是云贵高原的特产。在那些数量多到不可胜数的大大小小的溶洞中，有像建水燕子洞、泸西阿泸古洞那样引人入胜的代表，同时还有大量默默无闻的成员。在峨山一望无际的苍茫林海深处，到处都隐藏着大小不一、深浅不同的溶洞。这些溶洞，长则千余米，短则几十米。有的洞口相对隐蔽，但口小洞大，宽窄相连；有的洞口宽大、光线明朗，但深不及百米。它们就像一群披着神秘色彩的天外来客，万千年来，面对峥嵘岁月悠悠，面对风云变幻无穷，始终以缄默的姿态，迎来无数黎明，送走无数黄昏。而现在要说的，就是这样一个目前还知之者甚少、名不见经传的溶洞。

这是一个曾经孕育过古人类的溶洞。

塔甸老龙洞

这是一个值得我们展开梦想的翅膀去认真探秘的溶洞。

塔甸老龙洞位于峨山县城西北部塔甸镇政府驻地北面 300 米处，洞口朝北，前面是一片高原地区常见的开阔地。这原本也只是个在当地人眼里毫不起眼，普通得不能再普通的溶洞。如果不是后来有一天，有一双紧握锄头的手无意中挖开了洞里那层厚厚的尘土，尔后又有一双明亮的眼睛发现了那些动物化石和古人类石器，也许这个溶洞，永远只会像荒野里默默无闻的石洞，在悠悠岁月里随风而逝。

这个只有 11 米高、20 米宽、10 米深的溶洞，对距今近两万年前的古人类来说，可以说是最好的居所了。它拥有开阔的视野，在那猛兽横行的时代，选择这样一个居所，也说明了我们的古代先民已经具备了作为高等动物生存在地球上的条件。

塔甸老龙洞

据说，首先是当地群众在20世纪90年代初期，在洞内发现古人类活动遗迹的。此后，市、县两级有关部门根据当地群众提供的线索，组织人员进行了正式的考古发掘。洞中出土了敲砸、刮削、锥钻等旧石器十余件，还有大量犋貘、中国犀、黑熊、大象、马鹿、猕猴、獐、鹿、虎等动物的牙齿化石，其中，犋貘和中国犀属于已经在地球上消失了一万多年的物种。1993年，塔甸老龙洞又发现了部分石器、骨器、角器等用具和古人类下颌骨化石，考古专家据此认定这是个将近一两万年前旧石器时期古人类居住生活过的洞穴。1999年，玉溪市文管所工作人员在距离塔甸老龙洞约十千米外的富良棚乡树林村附近考察了一个溶洞，发现洞内距地表约两米深处有大面积烟熏痕迹，并挖掘出近一米厚、已经钙化的灰烬。在对发掘出土的动物化石和石器制品进行初步研究后，认定这个洞穴中生活的古人类年代可能早于在塔甸老龙洞居住生活的古人类。

塔甸老龙洞和树林村溶洞的发现，不但确定了峨山这片热土早在远古时代就已经有人类繁衍生息，而且还为云南晚期古人类研究提供了新的资料。

有个彝族诗人，在探访塔甸老龙洞后，写下了这样的诗句：

风在轻轻地告诉我，一万七千多年前
这里燃烧着一塘日夜不息的篝火
一群已经学会用兽皮遮羞的人类，日日夜夜
在火光里歌舞着自由而狂野的生命
我仿佛听见了他们围捕猛兽的呐喊
我甚至隐约看见了他们穿过历史岁月的
身影和那些身影残留在荒古大地上的梦想
我不想询问你什么，也不想议论你什么
我知道，人一旦站立在了你面前
灵魂便会受到一次刻骨铭心的洗礼

是的，当我们站立在塔甸老龙洞面前，让想象的翅膀带着我们返回到那个远古蛮荒的年代，我们会看见什么呢？一群披头散发、四肢发达、充满野性的男人，正在危机四伏的旷野里，手握长矛或石头，捕猎着疯狂奔逃的野兽，他们的呐喊声，撕开了沉闷的天空，他们犹如闪电的身影，在丛林里划出一道道优美的弧线。而在一个炊烟袅袅的溶洞里，一群裸露着丰满乳房的女人，正带着孩子们烧烤着大块的兽肉，她们不时张望着洞口，眼神充满期待，她们在等待着男人们狩猎归来……

他们就是我们的祖先，他们的血液还循环在我们身上，他们的灵魂还飘荡在我们今天的天空里。他们学会了用火，制造了简单的

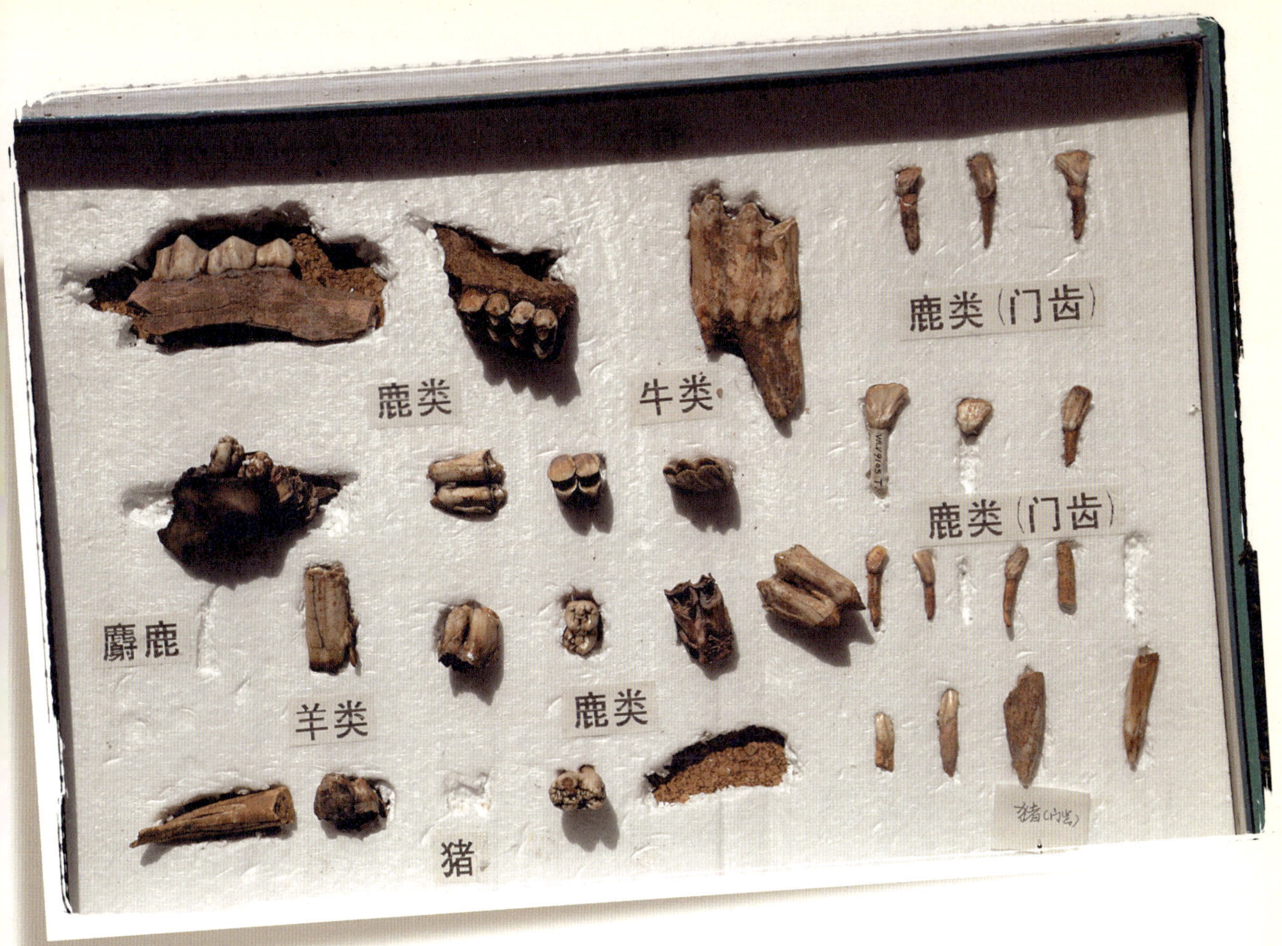

打制石器，他们在山林和河谷中狩猎，他们迈着坚定的步伐向我们走来。他们也许已走过了千山万水，从别的地方迁徙至此，后来可能还到达了不同的地方。但他们一定会不断地在梦境中回来，回到这个更早的起始之地。现在，他们静静地躺在河湾的怀抱里，像是一个简单的谜题，等待着我们给出答案。

面对着塔甸老龙洞，我们不知道该说些什么。除了在时间里感受肃穆的秋风，我们还会说些什么呢？

彝文“天书”里别样的历史文化

彝族先民——古氐羌民族有着几乎与汉民族同样古老而辉煌的历史。他们先是依靠口耳相传，后来通过古彝文，记录下十月太阳历、阴阳五行、八卦占卜等令人惊异的伟大成就。在浩如烟海的彝文古籍中，他们还写下了最早发生在滇中大地上的历史故事，他们在汉民族进入之前就已经命名了大部分今天有名有姓的地域。翻开那些用古老方法装订起来、饱经岁月侵蚀的发黄卷帙，一个个鲜活的形象跳跃着复活起来……

在远古的时候，大地上发生了一场滔天洪灾。洪水退去后，仅剩下了阿普笃慕一个人。“十日行程地，不闻鸡叫声，百日行程地，不见一个人，千日行程地，没有一户人。”为了世间人类不至于灭绝，天帝策格兹下诏太阳神、月亮神和门神的3个小仙女，下到人间嫁给了阿普笃慕……这是彝文古籍《洪水泛滥》中记述的洪荒时代发生在大地上的一场大水灾。以往人们仅仅把它当作神话传说来看待，却不知其中竟包含着彝族先民——古氐羌人迁徙流转、顽强生活的真实信息。在另一重要彝文典籍《指路经》系列中，不仅清楚地记载着阿普笃慕上溯31代先祖的谱系，而且明确记录着在“洪水”后，阿普笃慕娶三妻生六子繁衍后代，成为彝族历史上武、乍、糯、恒、布、默六大分支的发展轨迹。就是这些被彝族先知——毕摩们抄写了千百年的古籍，还进一步告诉我们：六祖中武、乍两部的主要活动范围，就位于今天滇中的滇池及“三湖”流域。

如此言之凿凿的记载，很容易使爱好历史的人们，联想到今天星罗棋布在滇池及“三湖”流域，仿佛满天星斗的各种古代遗址——古滇国、句町国、哀牢国……这些以汉字记载的事物，在以汉字为主的文献中，一直是若隐若现、语焉不详的神秘影像。就算到了今天，加入了强大的考古技术，挖掘出来的众多实物也仍然不能够清楚地说得出：是什么人创造了如此高度发达而又神秘莫测的古代文化？为什么他们会在仿佛一瞬间就消失得无影无踪？他们到底去了哪里呢？习惯了用汉语文献视角思考问题的人们，对于彝文古籍中关于滇中大地好像家常便饭的记载，真有点难以接受。

就这么简单？这难道是真的吗？

在为数不多的研究成果中，彝文古籍首先向我们展示了这样的事实：云南的简称“滇”，其实就是彝语“平坝”的意思。“哀牢”是彝语“艾乐”的音译，其含义为“大虎”，哀牢山就是“大虎山”。“澜沧”是彝语“罗（拉）仓”的音译，“澜沧江”意为“老虎跌落的大河”。西汉王朝在澄江设置的“俞元”县，彝语意为“一条江水之地”。通海秀山“尼郎胜境”匾，“尼郎”是彝语“黄牛与河泊的坝子”之意。这样的例子还有很多，据《玉溪地区民族志·彝族卷》的统计，峨山县自然村和自然地理实体名称中，彝语地名占全县地名的比例为28.9%，而且近80%的自然村同时使用彝语和其他民族语言。可见早在汉族来到之前，彝族先民就已对这些地方进行了全面而深入的探索，并用他们独特的方式做了命名，汉族文献中的很多地名都是从彝音的转译而来的。彝语和彝文确实为我们打开了一扇认识滇中历史的大门。

据说，彝文产生还有一个美丽的故事。

天庭三仙女下嫁阿普笃慕，由谁来当证婚人、谁来主持婚礼呢？天帝策格兹想到了一个主意，由天庭三仙子当证婚

人，从住在六重天的六个毕摩神中，派一个下凡主持婚礼。天庭三仙子和一个毕摩带着彝文经籍来到世间，在阿普笃慕的住处为他证婚和主持婚礼。从此，世间有了彝文经书，也因为彝文经书是由毕摩神从天庭带到世间的，因而彝文经书也就有了“天书”之说。后来，从天庭下凡为阿普笃慕主持婚礼的毕摩留在人间，开馆收徒，传授彝文，成了彝文古籍的祖师爷。

历史上，彝文古籍记载了彝族社会历史、语言文字、文学艺术、哲学、宗教、占卜、历算、谱系等情况。在这些古籍中，反映彝族悠久历史的有《洪水泛滥》《指路经》等；文学作品有《阿哩书》《阿纪和阿卓的故事》等；谱牒有《施氏宗谱》《鲁氏宗谱》《龙氏宗谱》《李氏宗谱》等；祭祀经籍有《吾查》《咩查》《献牲经》《作祭经》《献斋经》《阿梭黑》《吉咒书》《白衣白夺书》《招魂经》；占卜、历算经籍有《占福禄经书》《三十六签书》《星象占卜书》《占病经书》《测娶媳嫁女吉日经》等。《吾查》《们查》记述了彝族祭祀活动的起源、古代法律、课税制度的产生、彝族药物的发现和使用等。历算《占福禄经书》，用年、月、日、时四柱演算一个人一生的吉凶祸福；彝族《签书》共有《三十六签书》《七十二签书》和《一百零八签书》3卷，每卷经书按书名记载不同命相和福禄运气，而《一百零八签书》不是简单的前两卷经书的叠加；《星象占卜书》以四柱与星象占算一个家庭或一个人的吉凶祸福。

过去，古彝文仅为彝族毕摩所掌握，仿佛无人能识的“天书”。

随着时代的变化、社会的发展和多元文化的剧烈冲击，彝族古老文字和彝文古籍至今仍然仅为人数很少的彝族毕摩所掌握，懂得古彝文、能够从事彝文古籍翻译整理的人更是屈指可数，有志学习彝族古老文字、愿意从事毕摩职业的年轻人不多。为了保护和保存这些珍贵的彝文资料，人们做了大量的工作。其中，峨山县自 1984 年开始全面的彝文古籍普查登记、收集、翻译、整理和出版工作，并成立了“峨山县彝文翻译领导小组”和 “彝文翻译室”。从全县境内收集并保存的彝文古籍有七十多卷，一百多万字。目前，已被省古籍办收录“云南省少数民族古籍译丛”《洪水泛滥史》和《指路经丛书》，分别于 1987 年和 1988 年由云南民族出版社出版；《白衣白夺书》《阿梭黑》收录于“玉溪地区彝文古籍译丛”第一辑《尼租谱系》，于 1989 年由云南民族出版社出版；《玉壶村施姓宗谱》收录于《中国彝族谱牒选编·云南卷》，于 2009 年由云南民族出版社出版。但这些得到整理的古籍，仅仅是浩瀚文献中的沧海一粟。

可以说，人们对于以彝文古籍为代表的民族志资料可以弥补汉语文献和考古资料不足的事实，其认识和重视还远远不够。人们还是习惯性地把古滇国灭亡至元、明、清之间长达一千多年的滇中历史当作一段空白来看待。彝文古籍似乎掀开了打破这沉积谜团一角的面纱，但距离真相水落石出的一天又仿佛很遥远……古滇国失落两千年的文明能否被彝文古籍的智慧之光照亮？我们期待着。

彝文古籍（巴少文）

嶍峨猊练话今昔

峨山因山得名，因水成为宜居之地。然而，在漫长的历史时期里，肆虐的洪水使土著民族视河谷为畏途，部族之间争夺领地的战争更加剧了各民族的苦难，人们只能长期巡行在隐蔽的高山上，据险为寨，靠天吃饭。元代以后，尤其是明、清时期，大量汉、蒙、回移民进入滇中地区，带来了先进的生产技术和成熟的文化制度。人们开始治理洪水、开辟良田、建立学宫、修建城池，嶍、峨两山之间，猊、练双江之畔，逐渐呈现出田畴整饬、商贾驰竞、人烟稠密的繁荣景象。

在峨山县城东北面，有两座山峰：嶍山和峨山。嶍山在县城东北两千米处，元时建县其上；峨山在嶍山之后，高耸绵亘数十里。1930年之前，因嶍山、峨山并峙东北，故名嶍峨县。如今，嶍峨两山依旧在，不见当年古县城，我们只能在山风中倾听逝去的岁月之歌了。是的，嶍、峨两山是峨山历史的见证，它们已经成为峨山永恒的标志。而猊、练两江，是峨山的母亲河，穿城而过的练江，绕城向南的猊江，流走的是昨天的沧桑，留下的是不尽的回忆。猊江发源江川，流经红塔区，至县城北绕南而下，与练江相汇县城东南隅，又名合流江，后入建水境内曲江。练江源出石屏界大练庄而得名，至县城南汇入猊江后东流。

穿城而过的练江

嶍、峨两山，犹如一对亲密的兄弟，在历史的风雨中，始终团结一心，笑看世事变化；猊、练两水，仿佛两条彩练，飘过无痕岁月，在峨山的记忆中，书写着永远的明天。嶍、峨两山峰峦叠翠，猊、练两水潆洄向南，成就了一座滇南茶马古道上的重镇名城。

据史籍记载，峨山地域在先秦时期属古滇国辖地，汉属益州郡俞元县地。三国时期益州郡划设建宁郡，峨山属建宁郡俞元县地，隋属南宁州总管府。唐初属南宁府绛县地。后属南诏通海都督府。宋大理国时期属秀山郡。元宪宗六年（1256 年）置嶍峨千户，隶阿僰万户。元世祖至元十三年（1276 年）改置嶍峨州，隶临安路；二十六年（1289 年）改置嶍峨县，隶属临安府。明洪武十五年（1382 年）仍置嶍峨县，隶临安府。清沿明制。民国建立后仍名嶍峨县。民国二年（1913 年）裁府设道，隶蒙自道。民国十八年（1929 年）废道制后直隶云南省政府。民国十九年（1930 年）始更名为峨山县。

从以上的地名演变和建制设置可以看出，中原王朝对于化外之地的管辖，开始的时候真是鞭长莫及，唯有存而不论。等到了元时，出现“千户”“万户”的官职管理，“嶍峨”这个移民眼中确定的特征才显露出来。据地方史志记载，元代曾在今通海县曲陀关设置都元帅府，打通玉溪与滇南一带的联系，并在元江设军民府，进一步巩固和强化了对元江—红河流域以北的管辖。那个时候的峨山还谈不上有区位、物产之优。到了明朝时期，峨山土城建成后，形成了对周边的辐射和威慑，特别是文庙学宫与临安府（今建水）和澄江府同时建成，标志着内地先进的制度文化在此落地生根。就在这人和物的有利局面下，茶马古道沿着昆明—玉溪—通海一路南下，直接接通了富有茶盐之利的滇南（西双版纳 / 普洱）地区。峨山的煤、铁优势也因此彰显出来，成为滇南茶马古道上的重镇之一。

峨山的历史因此翻开了崭新的一页。

如今，嶍、峨两山，犹如两只雄鹰，披着日月的光辉，飞翔在滇中苍莽哀牢山北麓。如果你想一览嶍、峨两山的无限风光，如果你想感受一次茶马古道当年穿城而过的气息，那么请你登上嶍山之顶。在那里，整个峨山县城将以纵观古今的姿态出现在你面前：云霞西播之下，“两山两江”用高山峡谷切割出来的黄金驿道蜿蜒漫回，南面绵延高耸的桂峰山和西面巍然屹立的锦屏山含情环抱，日月叠璧，人天共宁，一切都是那么和美，一切又是那么悠长。这个时候，在耳际飘荡的风声中，你会感觉到当年的先辈们留在时空里的深情呼唤。

嶍、峨两山，在别人的心目中，也许很小很小，然而在我的心目中，却很大很大，大得足以让我一生一世也走不出它们那灵息吹拂的怀抱。在我心中，嶍、峨两山不仅是两座大山，而且是两座在我的生命里生死相依的大山。在这两座大山上，我是一片云彩，我是一只扯开嗓子日夜为家园的宁静与和谐啼血的杜鹃。是的，在这片曾经蛮荒的土地上，如今充满了无限生机。我们的峨山，每时每刻都在发生

绕城而过的猊江

着变化，就像一个青春少女勤快地更换着新衣，今天一个模样，明天又是一个模样。就让我们的眼睛时刻陷入惊奇的期待中：嶍峨巍巍，猊练猕猕，与我们血肉相连的峨山，明天将更加美好。

天子山缘起大理国王段思平

在云南地方发展史上，大理国的历史文化像一座充满魔幻主义色彩的宝库，让那些孜孜以求的人们总是乘兴而来、满载而归。其开国帝王段思平的传奇故事早就在滇中民间广为流传，大理段氏的名声也随着武侠小说不胫而走。传说中，段思平是个知恩图报的英雄，除了与通海秀山缘深情重，他还因为除恶扬善成为守护峨山小街黎民百姓的保护神。

距峨山县城东南约八千米的小街年景村后有座天子庙山，古时叫“天寿山”，因建天子庙而易名。天子庙供奉的大理国王段思平，是历史上有过的真实人物。随着天子庙山南侧旅游资源的开发，“天子山”“天子苑”“天子圆”“天子温泉”等名词不断被众多的外乡游客所熟知。然而，真正了解段思平真实身份及生平的人并不多，民间流传的也多是将其视为一个逃荒避难的杀蟒英雄。

段思平（893—944 年），大理国第一世王，937—944 年在位。祖籍甘肃武威，六世祖段忠国（俭魏）为南诏清平官（相当于丞相），祖父段宗义、父亲段宝隆继袭丞相职，为南诏贵族。段宝隆生子思平、思良，思平为长子。兄弟二人自幼英俊勇武、聪慧过人，曾就教于滇中舅父爨判处，得爨氏教诲，文武精进。爨氏乃南中大姓，特别是最有势力的霍氏、孟氏火并后，爨氏便“独步南境，卓尔不群”，以地方官的身份控制着史称“南中”（今云南、贵州和四川西南部）的绝大部分地区，统治中心在云南曲靖（当时称味县）。

唐昭宗天复二年（902 年），贵族郑买嗣灭南诏，段思平时任南诏幕览（小府副将）。因屡建战功，大长和国郑仁旻始元元年（910 年）被封为通海节度使（军事重镇的主要官员）。段思平祖上系北方望族，家学渊源，深感滇地偏僻，耕作技术落后，手工技艺拙劣。任通海节度使后，段思平选贤任能、大兴教化、开荒垦田、兴修水利、鼓励农桑，先后派出专人，到四川等地学习先进技艺，传授乡间，促进了农业、手工业技术的提高和生产的发展。充分利用通海交通便利的地理优势，发展与邻国及内地的物资贸易，使通海逐渐形成南来北往、货物集散地商埠。

经过数年的苦心经营，段思平有了较为雄厚的经济实力，

开始收罗人才、养兵屯粮，掌握了相当的军事力量。他广施仁政，深得百姓拥戴。其间，正值“大长和国”“大天兴国”“大义宁国”更替、篡夺南诏政权时期。杨干贞继“大天兴国”建“大义宁国”后，忌段思平“生有异兆，及长，智量不凡”，且为贵族世家，又任军事要职，恐倾覆其政权，所以欲除之。由于“索捕甚急”，五代后晋天福元年（936 年），段思平乘滇中大乱，借助其舅父爨判等东爨乌蛮诸部兵力，以董伽罗为军师，高方、爨判为主将，自通海举兵，首先攻下石城（今曲靖），与三十七部蛮会盟，再于天福二年（937 年）十二月二十一日攻占龙尾关（今大理下关）。段思平兵临城下，杨干贞重兵把守，两军相峙，久攻不下。突天降大雪，段思平夜遣爨判领兵三千，暗趋上关，绕出点苍山后，猛攻太和城，破之。杨干贞回兵救援，又遇两路夹击，最终败走永昌，至万箭树自缢而亡。段思平灭大义宁国，创建大理国，任第一代国王（圣神文武帝）。大理国境相当于今云南全境、四川西南部等地，分为八府、四郡、四镇及三十七部，峨山为嶍峨部，属三十七部之一。

段思平笃信佛教，自通海起兵之前即筑坛祷告于秀山，并许下宏愿：如举事成功，定回秀山重建庙宇，再塑神佛金身。建大理国后，为感“通海秀山神之灵异”，他在秀山建町王庙、启祥宫、慈云寺、普光寺等庙宇，铸铜像百余尊，“封秀山之神为英烈侯”，建高大庙宇以旌之。同时改通海郡为秀山郡，赦免三十七部徭役。为佛教在通海及周边的传播功不可没，确立了其在佛教徒心中的地位。

传说段思平是从大理携带妻儿逃荒避难到年景村的，改名姓为张志远。其妻马氏，长女惠英，儿德忠、德孝，以卖柴谋生，日子清苦。

一天，段思平到小街镇上卖柴，只见镇上店门紧闭、男女愁眉不展。段思平见一老者，寻问缘由，回答说：“西乡坝子的石洞山有条巨蟒，时常出洞作孽，吞食行人、牲口，糟蹋稻麦、庄稼。官

天子庙

府已贴出告示，催促镇上各家各户出钱出粮，备猪、牛、马、羊等供物及香案，于六月十三日派人送至石洞山献蟒，以免除灾难。而官府却以除蟒、消灾为名，暗中大肆搜刮。今年的告示还说，巨蟒作孽越来越凶，必须送祭一对童男童女，才能免除蟒患。”听罢，段思平见义勇为、不畏强暴的心顿时被拨动了。他安慰老者后，急忙赶去官府辩论，劝告官府组织除害。终日盘算发财、贪恋酒色，外号“黄鼠狼”的狗官，哪里听得进段思平的忠言，反诬段思平“煽动邪说、犯上作乱”，重打四十大棍，逐出官府。段思平一路跌跌撞撞，摸黑到家，顾不得棍棒疼痛，向妻子讲了镇上发生的事。还说：“等伤势好转后，拼着一死，也要赴石洞山斩除蟒蛇。”

离六月十三的日期只有三天了，段思平的伤势渐有好转，

但仍感气力不支，可除害心志不减。妻子深知丈夫心志，六月十二日这天，她两眼泪迹，并誓言："保佑我夫为民除害。我夫若有不测，为妻愿尽心养大儿女，来日再了除蟒心愿。"这夜，夫妻俩彻夜未眠，雄鸡报晓头遍，段思平便手提祖传宝刀、身背箭囊，怀揣妻子亲手做的鸡肉、毒饼等，整装前行，天未大亮即赶到了石洞前。他悄悄地把随身带来的鸡肉摆放到洞门口，过不多时，巨蟒终于被香喷喷的鸡肉味引出了洞口。只见巨蟒眼露凶光犹如闪电，口如血盆，身长数丈，粗如大树，巨齿獠牙。说时迟，那时快，未等巨蟒吞下鸡肉，段思平已"嗖"地一箭射出，只可惜天色昏暗，箭仅射中蟒尾，巨蟒翻滚着龟缩进洞，再不出来。段思平心急火燎、两眼血红，手执宝刀直入蟒穴，与巨蟒交战数十个回合，终因伤后虚弱，难以支撑，被巨蟒吞入腹中。不多时，段思平怀揣的毒饼毒性大发，痛得巨蟒遍地翻滚，最后僵挺挺地死在了洞外。天亮后，镇上的父老乡亲知道段思平赴石洞山除蟒的消息，火速赶来相助，见巨蟒已死，却不见段思平。后来才知道，他已葬身蟒腹。

乡亲们一面赶往段家安抚老小，一面派人到官府为段家请功。"黄鼠狼"迫于压力，不得不假惺惺地传唤段家妻儿，赐米饭一餐、纹银十两、大米五升、旧衣裤三套。在段家妻儿回家的路上，突然杀出歹徒数名，掠走了所赐钱物。事后得知，歹徒原来是"黄鼠狼"指派的。乡亲们激愤之下，一举杀入官府，杀死"黄鼠狼"，烧了官府。为了纪念这位除蟒英雄，人们先是在石洞山旁为段思平刻碑立传，过了几年又自愿出工捐钱，在年景村后的天寿山上建盖庙宇，为段思平设殿塑像。

后人认为，段思平不是凡人，而是天上派来的天子。渐渐地，人们就把段思平称为天子老爷。每年的农历六月十三日，众乡亲都要到天子庙朝拜，杀猪宰羊，纪念这位为民除害的天子老爷。

明代军屯小街史话

小街位于猊江、练江汇合处以南的河谷地带，远古时代为临水而居的傣族先民所据。元代蒙古大军南下，这里成为水草肥美的养马滩；明清时期，大量汉族在此实行“军屯”，小街逐渐发展成为远近闻名的“粮仓”和“鱼米之乡”，留下了汉、回、蒙古等民族共同书写的厚重历史和多彩文化。

小街古镇距峨山县城 5 千米，元代建村，距今 700 多年，是茶马古道上发展起来的集市。古镇背靠灵秀的水晶山，面临沃野平畴的小街坝子腹地，东南面碌碌河（猊江）蜿蜒流过。正街、后中街、新建路、堂园路、王家巷等构成古镇布局。这里水草丰美、物产丰裕，人杰地灵、名人辈出，它是明朝军屯之地。

走在小镇古老的巷道上，似乎还能隐约听到当年明军南讨的马蹄声，还能闻到战火的硝烟。

明洪武十四年（1381 年），明初沐英等将领率 30 万大军征讨云南，第二年平息了乱军以后，粮草首先成为南讨明军的生存问题。为此，沐英向朝廷奏报“军屯戍边”，得到认可并得以屯军。沐英部夺取通海后并在通海设御屯田，屯田范围西逾河西。史料记载：驻军士卒随带家属，共同屯垦，

热闹的民间文艺表演

不得返回，不得与当地民户混居，实行七人所种之粮，除自己食用外供养三人之口粮。

初步统计，现在小街古镇有61个姓氏，其中张、王、曾、管、李为大姓人家，人口都在百人以上。由于屯兵部队来自全国各地，所以小街古镇有这么多的姓氏，也就不足为奇了。许多年以后，留在小街军屯士卒及家属，一代接一代，在漫长的岁月中，在小街坝子繁衍生息，创造着小街古镇的历史和文明。

小街曾是邑南茶马古道上的重镇，至今还保留着一截茶马古道，从踩得发亮的石板上，似乎还能听到昔日的马蹄声。古道往东进入曲江，往南进入滇南，马帮南下北上，南下时驮烟草、布匹，北上时驮茶、盐。茶马古道孕育古镇的繁荣，许多军屯后裔利用交通区位优势，在外做大生意赚钱，在古镇上盖豪宅。这所风格独特的老宅眼前闪亮，这叫带游春四合院，听说这所房子是军屯后裔在个旧做锡生意积蓄建盖起来的，地基一米以上的墙体都是被打磨过的石块支砌起来，在四合院二楼四边，设有相互连通的走廊，在走廊上漫步，徐徐春风，风光无限。

一街一屋，一巷一瓦，记录着古镇厚重的历史。相对过去赶集的正街，这条街叫背街。它一头连接永定营，军屯之初那里是军营，另一头抵达十字街，过去背街主要卖锄头棒和鱼虾。现在背街最古老的建筑算老方家的房子，如果仅看大门，这所老宅跟普通民房没两样，不过进入老宅内，使人在惊叹中发现，原来这是一所豪宅，这种房子的结构，当地人叫“四平圆口带游春”，从精致的雕龙柱，显示出房主曾经的霸气；从走廊栏栅镂空的“八仙过海”图案，可以看出当时方家人的富贵。这条巷道一边是俞家祠堂，一边是大园子，故名堂园路，堂园路先后出了三名厅级干部、八名科局干部。

小街是历史文化积淀深厚的古镇，每条街道都充满传奇

苏家院

故事，过去各姓氏分区域建房居住，所以形成以姓氏命名的街巷，这条街道叫王家巷。老王家先辈是从南京高士坎柳树弯来的，也是小街古镇最早来居住的人家，并且是人口较多的姓氏，现在老王家人口在小街占三百多人。在古镇北面，有一所陈旧的老宅，从这所房子里走出了一位武状元，他就是坟茔可立标杆的俞翰林。据史书记载，俞翰林是清朝嘉庆年间皇帝赐封的，翰林通常称武状元，按现在来理解，算得上将级官员。小街古镇不但武将叱咤风云，而且文人乡绅德高望重，人称“王老爹”的王荟就是其中之一。王荟肥耳垂肩、两手超细，当过团绅，相当于现在的镇长，但是他的名气很大，据说县长来视察小街的工作，不到镇里先到他家，他这个人为什么德高望重？他办事公道，家庭邻里之间的矛盾，请王老爹来解决，没有哪家解决不了的，过去没有人民法院，村与村、乡与乡之间的纠纷，都是喊王老爹来说几句话，人称“调解大师”。

小街原属河西县辖，由于在河西县西部，所以又称西乡或西乡坝，因此军屯只到小街不到峨山。历史上小街是商贸繁荣的重镇，逢甲已日赶集，清代以后为河西、石屏、峨山几县土特产品交易地。1954 年 4 月 13 日划归峨山县，1978 年后改公历 4 、9 日为街期。与相对人多热闹的峨山街比较，故得小街一名。20 世纪 90 年代末期，新建农贸市场，以街为市，赶集从此退出历史舞台。小街农贸市场位于双小公路沿线，市场布局合理，功能配套，可容纳上万人。小街农贸市场是本地藕、慈姑和萝卜丝等大宗农特产品交易的场所，农贸市场在带动当地产业结构调整、助农增收中，发挥出越来越重要的作用。与此同时，随着峨山县“一心两重四特”城乡市政建设规划，古镇小街将焕发新活力、新景象。

历经沧桑的曾家老宅大门

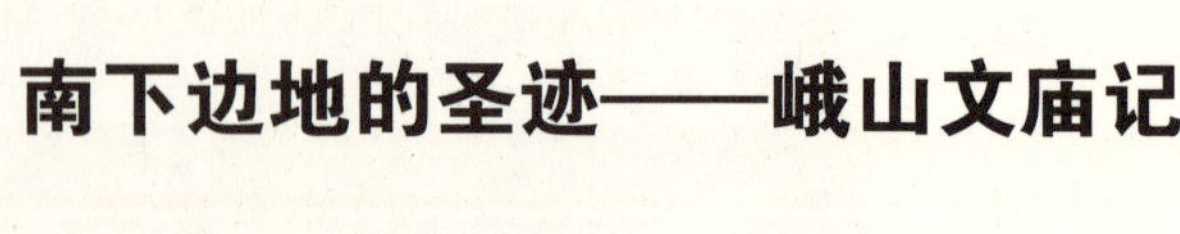

南下边地的圣迹——峨山文庙记

文庙是儒家借助国家力量施行“神道设教”的重要载体。在峨山漫长的历史长河中，文庙与城池仿佛照亮蛮荒的灯塔，一起成为中央政权和中原文化正式确立的象征。其后，文庙一直忠实地履行着它培圣育贤、移风易俗的历史使命。直到20世纪40年代，革命星火的燎原之势，彻底改变了中华民族承袭3000年的走势，使它演变为传统文化向现代文明转化的承接点。

双江小学是峨山县规模最大的一所小学，伴随着琅琅书声，沐浴在明媚阳光下的近两千名学生，在这里度过愉快而难忘的童年。然而，从这里走向更高学堂的一批批学子，以及很多家长，并不了解这里曾是峨山文庙，是儒家文化与现代文化的承接点。这里还是20世纪40年代中共峨山县工委诞生的地方。

峨山文庙始建于明洪武十五年（1382年），是峨山县境内历史最悠久的建筑，距今已有633年。可惜峨山文庙历经600多年的风雨岁月，如今只剩下孤零零的大成殿、月牙池、门牌坊和几棵参天古柏了。不过，从这些残存的遗迹中，我们依然能触摸到华夏文明灿烂的花朵。三明、两暗、五开间的大成殿，依然庄严雄伟，三道明门是用来方便人们进殿焚香祭祀孔子以及有名望的弟子的，两道暗门是用来方便人们祭祀时存放贡品的。年已72岁的杨伟是对峨山文庙研究较深的老人，杨老师曾在文庙里读过书，文庙对他影响深远，至今难以忘怀。杨老师用自己根据资料绘画的原峨山文庙全貌图，给我们进行讲解，让我们看到峨山文庙当年宏大的儒家文化建筑群。

一代圣人孔子及其弟子创立的儒家文化，是中国传统文化的重要组成部分，哪里有烟火，哪里就有孔庙，“人之初，性本善”，过去很多人就在孔庙里念《三字经》，开始人生最初的启蒙教育。至今，儒家文化还影响和渗透着人们的思想。现在我们还能在两千多年前儒家所提倡的为人处事不偏不倚的“中庸”之道里，找得到哲理依据。

今年 77 岁的柏庭茂，对县城的一街一屋了如指掌，被人们称为“老城管”。据“老城管”介绍：峨山文庙定位在桂峰山与嶍山之间的中轴线上，这是古代的人们起屋、盖房、看风水的体现。在大成殿门前栽古柏树两棵，意思是文庙万古长青。据说古柏曾三易其主，而四个小孩才能合围的参天古柏，比大成殿的年龄还长。

月牙塘是峨山文庙保存较为完整的建筑，尽管池水浮萍满面，但站在弯弯的半圆池旁，人们似乎还能听到书生们到池边洗毛笔的浆水声。在文庙内建月牙池，据说是为了方便求学的书生清洗笔墨。

历经风雨沧桑的峨山文庙，在不同的历史时期，发挥过不同的作用，这里曾是峨山中学的校址，新中国成立前夕，按照省工委的安排部署，地下党员以教书为名潜伏峨山中学，在进步学生中发展革命力量，数以百计的学生就是从这里走上革命道路，成为在滇中大地上点燃革命火种，最终取得革命胜利的有生力量。

峨山文庙是峨山人民珍贵的文化遗产，具有较高的建筑、史学价值，也是进行革命传统教育的活教材。

珍爱文物等于珍重历史，一个缺少文化，没有个性

化的现代之城，是难以吸引住人们的视线的。多年来，在峨山文庙存与废的争议中，最终人们还是对保存的重要性达成了共识。1999年以来，先后对大成殿进行拯救性修复，把原来的瓦片换上了琉璃瓦。按照镂雕、浮雕、空雕三大雕刻技术，重做了格子窗。对三面墙壁进行了粉饰，修缮后的大成殿如今已焕发出昔日的光彩。2005年，峨山文庙被列入县级重点文物保护单位。

镶嵌在邑南茶马古道上的明珠——老鲁关

老鲁关，是横亘于绵绵哀牢山的邑南茶马古道隘口。这里曾客栈林立、商贾云集，马帮带来过令人难以忘怀的富裕和繁荣；这里也留下过马帮人的血泪和辛酸，演绎过血雨腥风的“官匪”大战、黑道火并。

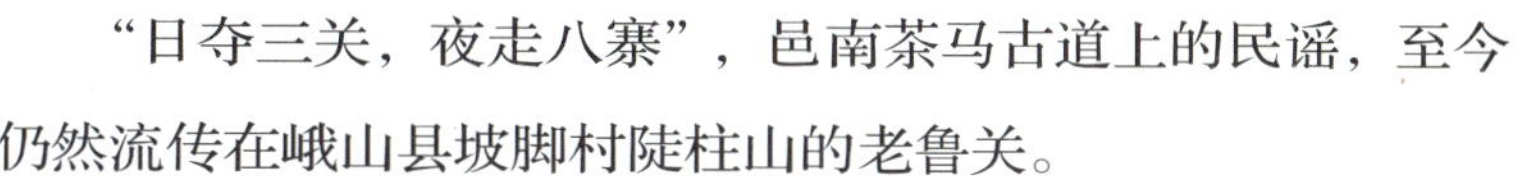

“日夺三关，夜走八寨”，邑南茶马古道上的民谣，至今仍然流传在峨山县坡脚村陡柱山的老鲁关。

老鲁关是邑南茶马古道从滇中进入滇南的重要驿道关口。王家哨附近的翻眼坡驿道，是从坡脚翻越化念坝的一段险路，马帮走过翻眼坡，整个化念坝便暴露在赶马人的眼皮底下了，翻眼坡故此得名。由于翻眼坡树林茂密、涧水潺潺，因此这段驿道铺石防水，便于马帮通过。现在崎岖的古道，荆棘丛生，已经看不到昔日的石板路，曾经被马蹄踩过的石块，大多已被后人取走建房。

横亘在绵绵哀牢山中的邑南茶马古道，在清朝初期全部开通并由官方设驿站管理，因此又称滇南官马大道。这条茶马古道，经昆明、玉溪，下化念过元江，通墨江进思茅（今普洱市），最后抵达西双版纳，清朝到新中国成立初期，是

滇中进入滇南的著名商道。闻名于世的“普洱茶”就是经过这条商道驮运到北京的，邑南茶马古道又称贡茶马道，马帮商队通过这条古道运进内地的布匹、丝绸、手工业品；运出滇南的茶叶、磨黑盐及境外的大烟，是与滇西茶马古道齐名的驿道之一。

爬过翻眼坡，经过一段平路，便到了老鲁关，老鲁关位于化念与坡脚交界的山岭上。这里视野开阔、地势险要，清朝到民国时期，官方曾在这里设关护路，老鲁关庙就是见证。可惜，老鲁关庙已在“文革”“破四旧”中遭受毁灭，现在老鲁关庙遗址已变成了

耕地，但还能看见古庙的残墙断壁，遗忘在地埂边的石碑。从清晰可见的碑文中得知：为了出行得到神灵保护，一些赶马人集资修建了老鲁关庙，并刻写了立碑年代：清朝道光二年（1822 年）。至于有关修建老鲁关庙的时间和原因，也有碑文记载，但这块收藏在厂上村的石碑，大部分碑文字迹已模糊不清，难以辨认。

老鲁关到坡脚是一段下坡的古道，这段古道长 2.5 千米。据说，马帮通常赶直路，因此，无论山有多高、坡有多陡、箐有多深，茶马古道总是直路，不绕弯路。坡脚后山上为什么出现 20 多米长的夹马槽险道，不言而喻，赶马就是赶时间，尽管路窄槽深，但任劳任怨的驮马擦破两边的肚皮，也要勇往直前。实际上驮马的苦难就是赶马人的辛酸，赶马人常年风餐露宿，途中命运难测。有的马帮荒野滴血，20 世纪 40 年代初那个月黑风高的夜晚，坡脚驿站上演了“官抢匪”：国民党峨山县长罗家楷、县参议周吉光合谋，率部到坡脚打劫集匪商于一身的江川马锅头蒋世才。被洗劫一空的蒋世才蓄积力量伺机报复，1949 年 3 月 31 日凌晨，蒋世才联合新平扬武陈氏兄弟，联合攻打峨山县城，惊慌中县长、参议弃城而逃，成为民众的笑柄。

山间铃响马帮来，走过老鲁关，便到了邑南茶马古道有名的坡脚驿站，这是上下进出的马帮及生意人闲脚给养的要地。这里曾客栈林立、商贾云集，马帮给坡脚村带来繁荣和富裕。与坡脚相连的厂上村，曾经也是马帮驮来的“马掌村”，那时的厂上村人，家家开铁匠铺，打铁钉马掌卖给马帮，有的还养马在邑南茶马古道上长途贩运。

过去三百多年的岁月，邑南茶马古道上常年往返的马帮，深刻影响和改变着坡脚厂上村民的生活和思想，“坡脚厂上两村子，五天一街两头赶”的民谣就是生动的写照。

探觅彝族禄氏土司

土司制度曾经在中国边疆发展史上留下了浓墨重彩的一笔。在那些关于土司老爷光怪陆离的传说故事中，峨山禄氏土司无疑是一个吸引眼球的代表：延续282年，管辖380多个村子，拥有武装1000多人，在海拔2300米的高地修建“避暑山庄”，建造成为“峨阳八景”之一的香柏古祠……

1384年，禄佑房出任土司。司署下设协助土司管理内务总管目舍一人，处理上下来往文件书信把事一人，掌管土司家兵操演目把一人，还有管家杂役若干。土司设有法庭和牢狱，法庭分前堂和后堂，一般案件在前堂审理，要案要犯由土司在后堂审理了结。土司辖区的行政区域以乡为单位，乡有乡约，负责管理数个村子，乡以下以自然村为单位，村有村伙，负责一个村的事务。其后，经过明清两朝传13世人，彝族禄氏土司统管峨山长达282年。禄氏土司兴盛时辖380多个村子，拥有武装1000多人，成为封建土司领主制时期峨山的最高行政长官和军事长官。

据说，土司官邸后花园及周边兵营，组成维护治安的保泰营；村前维护辖区秩序的周安营，设在村中央的松子营。在西北还有一座兵营，设在村后的平顶山，由于土司在此点将出征，后人叫此山点兵山。禄氏土司还在十几千米外的总果建了避暑山庄，酷夏到海

拔 2300 米的总果山庄纳凉。有一年夏天，禄佑房突发奇想，决定用总果大山黏性红土烧制的瓦翻盖司署。后来，禄氏土司家的瓦被称为“神来之瓦”。土司时代，嶍峨坝子及四周人烟稀少，那时的土官村，仅有禄氏土司司署及几家佃户。禄氏司署日宰五羊一猪，才能供养千余勤杂人员和士兵，土司家的阴沟水排到现在的县城西门市场。嘉靖三十八年（1559年），土司禄万钟捐资修建香柏土主祠，即峨阳八景之一香柏古祠。据康熙《嶍峨县志》：县城西南二里香柏祠，前后左右，翠柏森森，茂林蓊翳，围抱者数百株，千霄拂云，百载千岁，季春上浣（三月三）邑人修禊。也就是每年三月三，城里人成群地到香柏祠练江洗濯洁净自身，迎接新春的到来。

随着清代替明王朝，禄氏土司走到了历史的尽头。据《设祠祭田石碑记》记载，清末云南六土司争地盘点燃战火，禄氏土司向李家借款打仗，最终被打败。从此，禄氏土司经

塔克冲大庙正面全景

营几百年的土地不足抵债，七溪西差黑一片山产，高平小法那和岔河乌木树一带山产，全部卖给李家。

今天，在峨山县城西郊锦屏山南麓的土官村，残存的土司衙门写满岁月沧桑的古老瓦房，倾诉着彝族土司王朝昔日的荣耀与兴衰。在残垣断壁中，散落着当年禄氏土司家族的繁荣，那些磨得光滑锃亮的石阶，见证了禄氏土司牢固的霸业；那些精致的木格窗雕，让人浮现土司背着手望窗、静思、谋事的情景。据说这些筑墙，至今已有620多年的历史，现在仍然完好如初；这个锈迹斑斑的大木斗，不知多少佃农为禄氏土司交粮纳礼。

许多人以为绿氏土司司署及其附近，会埋有金银财宝，但在20世纪60年代，人们对部分土司遗址进行考古挖掘，挖地20米也没有发现什么值钱的东西。后来，一土官上村人家，在空地建房挖地基时，挖到了禄氏土司家族的假坟，但也没有发现什么值钱的东西，只见连接空坟的一条用砖镶砌的暗沟，沿沟再挖也没见到什么，见到的是一个土司王朝的尽头。

滇中烽火炼出云南第一个民族自治县

20 世纪 40 年代，革命星火席卷全国，点燃了滇中各族人民推翻压迫、寻求解放的战斗激情。经过惊心动魄的流血牺牲，新生的人民政权在古老的山河间拔地而起。为了探索巩固边疆民族地区民族自治的经验，年轻的峨山成为云南第一个民族自治县和中国第一个彝族自治县。

1944 年 3 月，云南省工委派共产党员王以中到峨山中学（今双江小学），以教师身份为掩护，秘密开展地下革命活动。王以中坚决执行中共中央关于在国民党统治区实行“隐蔽精干、长期埋伏、积蓄力量、以待时机”的指导方针，按照中共南方局“勤学、勤业、勤交友”的指示，围绕教好书，站稳脚跟；通过师生广交朋友，搞好各方面的社会关系；宣传国际国内形势和中国共产党抗日救亡的主张；调查研究，逐步摸清当地社会的基本情况等四项任务开展工作。

随着形势的发展和开展革命活动的需要，1946 年 6 月，省工委凭借峨山在省城聘用教师之机，以服务桑梓为由，陆续从云南大学等高校，把峨山籍学生党员董治安、董子健等一批进步青年派回峨山中学教书，加强革命力量。经过地下党同志艰苦细致的工作，在峨山中学发展了一批共产党员和

“民青”成员，并于1946年7月在峨山文庙忠义祠内成立了中共峨山县工作委员会（简称“县工委”），王以中任书记，董治安负责统战工作，董子健负责组织工作。

1947年开始，县工委从峨山中学派出大批师生回到其所在乡镇、农村和山区开展工作，开辟并建立农村革命据点。至1948年10月，在县工委领导下的二十多个革命据点，已经发动和组织起来的农民达三千余人，其中骨干上百人，建立起不同形式和名称的农民群众组织数十个，直接和间接掌握了各种枪支三百多支。

举行武装起义，建立人民政权。1948年8月，省工委书记郑伯克和滇中地工委负责人温宗姜到峨山检查工作，郑伯克指出：滇南革命武装斗争形势空前高涨，要求峨山及滇中部分地区加速发展党和“民青”组织，在广泛开展各种斗争的基础上，迅速组织发动武装起义，迎接革命新高潮的到来。峨山县工委按照省工委的指示，部署各革命据点立即组织发展地下武装，准备11月17日凌晨攻占峨山县城。但是，16日夜里，敌26军279团杨钟河加强营驶援峨山城防守，情况发生突变，滇中地工委和县工委遂决定放弃攻城计划，通知队伍迅速转移到远离县城的大棚租村，其他各路农民武装返回原地休整。20日，在大棚租休整期间，将参加武装起义的主力队伍组建为峨山游击大队，大队长董治安。随后，由董治安带领起义武装以及自卫军一支队，从大棚租出发迅速向西北山区转移，途经牛屎寨（今金牛村）、高平总果、岔河乌木树、河外、塔甸，跋山涉水，翻山越岭，直进富良棚，到敌人统治力量较为薄弱的农村，开辟游击根据地，走农村包围城镇的道路。

12月7日，县工委领导的各路起义武装和群众三千多人聚集在富良棚召开庆祝大会，宣布西北山区九个乡镇解放。紧接着，革命武装全力抵抗敌军进剿，消除内患，收编反蒋武装，保卫了解放区。12月15日在以他斗进行整编为五十多人的“云南人民反蒋自卫军峨山游击大队”（俗称“峨山大队”），大队长董治安。其余人员回原地以武装联防的形式坚持斗争，一部分跟随自卫军一支队南

下进军思普地区。18 日，峨山游击大队跨过绿汁江，抵达并驻扎峨足村，凭借易守难攻的险要地势，进行了为期二十多天的政治军事训练。在训练期间，学习了《古田会议决议》，加强 了“三大纪律”“八项注意”的教育，进一步增强了部队的战斗力。训练结束后，游击大队回师峨山，在峨山、双柏、易门、昆阳等县交界地区发动群众，开展游击武装斗争，逐步开辟和扩大了以甸中、大龙潭、富良棚为中心，包括双柏县新街、易门县十街、昆阳县内甸、九渡等乡镇相连成片的滇中游击区。

觅耻冲——滇中革命活动指挥中心。地处甸中镇西北面7 千米处有个叫觅耻冲的小山村，这里地势险要、四面环山、森林茂密、古树参天、易守难攻，是理想的战略要地。1949

原峨山中学旧址大门

年6月3日，省工委派到滇中地区工作的王庚、中共滇中地委书记温宗姜两人携带省工委配给滇中地区的一部电台和经费两千银圆，率领从事政工、通讯、医务工作的人员二十多人，从玉溪出发，翻山越岭进驻觅耻冲村办公，指挥滇中革命斗争。滇中地委驻觅耻冲村期间，开办了一个数十人参加的政治训练班，组织干部学习党的方针政策和国内外形势，介绍了解滇中游击区的情况，培养部队政工人员。

6月下旬，地委书记温宗姜在觅耻冲村主持召开滇中地委会议，传达省工委关于建立滇中游击支队，董治安为支队长、温宗姜为政委、王庚为副政委，增加董治安、王庚、白从民、王茂为地委委员等项决定和任命。会议研究了游击区的工作，即以游击根据地为依托，继续向四周扩大发展等问题，决定游击支队到新平扬武整训，然后进军新平。同时研究了在华宁县西北山区开辟游击区，在江川茅草湾建立武工队，在国民党统治区准备发动武装斗争及开展统战工作等问题。会后，由支队长董治安主持，将峨山游击大队扩建为滇中游击支队，组建了支队机关，由史同知负责政治处工作，下编三个大队，全支队干部战士五百余人。同年9月，根据中共滇桂黔边区党委的决定，滇中游击支队扩编为“中国人民解放军滇桂黔边区纵队独立第一团”（简称“滇中独立团”），并在新平县城正式成立，董治安任团长，温宗姜任政委。此时，部队干部战士已发展到一千多人。新中国成立后，滇中独立团奉云南省军区的命令进行整编，成立中国人民解放军玉溪军分区（大部分由滇中独立团的干部战士组成），董治安任副司令员。

峨山60周年县庆

回师峨山，奉命驱赶蒋世才。1947年12月，江川县九溪蒋世才（老板）马帮的鸦片、枪支在坡脚被峨山地方官府截获。蒋怀恨在心、伺机报复。1949年2月，峨山游击大队奉命回师峨山，以甸中为中心开展游击活动，发动群众进行坚壁清野，组织联防，部队则在山上布防。3月31日凌晨，蒋世才组织武装与新平县扬武陈氏兄弟联手攻打峨山县城。县长罗家楷、警察局长徐尚义等弃城逃跑，县常备队人员把枪丢入水塘、厕所后逃散。蒋世才部进城后，把县政府的枪械、财物抢掠一空，民国以前的档案文件全部被毁，城中部分商店被抢。蒋部洗劫并放火烧毁了县参议长周吉光家的房屋后，于当日上午 10 时向高平、岔河方向撤走，最后转向甸中、甸尾一带活动。被劫后的峨山县城秩序极为混乱。4 月 4 日，董治安带领峨山游击大队两百余人，进驻峨山城郊土官村、大鱼塘，对城内外群众开展安抚工作，挽回蒋世才部在群众中造成的不良影响。4 月中旬，蒋部两百多人打着“人民自卫军”的旗号，在甸中游击区为非作歹、残害百姓，肆意派粮派款，无恶不作，引起游击区人民的强烈不满。峨山游击大队奉命驱赶蒋部，5 月 10 日，在民兵的全力配合下，集中一千余人，在甸尾村对蒋世才部发起攻击。战斗数小时，双方伤亡惨重，蒋部十多人被击毙，我游击队员柏炳旺、普成清、施兆庆、华占坤、舒联平壮烈牺牲。蒋部因在游击区无群众基础，站不住脚，于次日陆续败逃。峨山游击大队随即返回甸中，把蒋世才部强行向群众摊派而未带走的三千多银圆（半开）如数退还给农户。群众见部队生活十分艰苦，纷纷要求捐作军费，峨山游击大队执意不收，人民群众感动得热泪盈眶。

中国第一个彝族自治县诞生始末。新中国成立以后，峨山建立了县、乡人民政权，但历史上形成的民族矛盾突出，各族人民之间以及少数民族内部存在着政治上的不平等。加之新中国成立不久，县内发生了反革命武装暴乱，给刚刚翻身解放的峨山人民带来了深重的灾难，经济困难，百业待兴，新生的人民政权危在旦夕。在历史的、现实的考验面前，如何巩固新生的人民政权，如何从根本上处理好民族关系，如何加快社会主义的建设步伐，真正实现各民族的平等、团结和共同繁荣进步，这是各级党委和政府都十分关心而又迫切需要解决的现实问题。

1951 年初，云南省委、省政府根据《中国人民政治协商会议共同纲领》关于“各少数民族聚居的地区，应实行民族的区域自治，按照民族聚居人口多少和区域大小，分别建立各种民族自治机关”的规定，结合当时峨山彝族人口占全县总人口 50% 以上的实际，决定率先在峨山成立民族自治县。为了取得建立民族自治县的经验，在玉溪地委、专员公署的关怀

火把节之夜

和支持下，峨山县委抽调施致宽等同志组成工作队，在彝族聚居的棚租村建立民族乡。工作队进村后，认真按照玉溪区专员公署专员孙振华和峨山县委书记陈伯文的指示开展工作。深入群众家中走访座谈，利用彝族青年喜欢跳乐等特点，集中和发动群众，建立思想感情，很快就打开了工作局面。随后，经过召开各界代表会议，以豆子当选票的方式，选举产生了民族乡的乡长、副乡长，正式成立了棚租彝族自治乡。棚租彝族自治乡的建立，为峨山民族自治县的成立提供了可供借鉴的经验。

1951 年 3 月 8 日，峨山县委、县政府成立“峨山县各族各界人民代表会议筹备委员会”，由代县长张自先任主任委员，负责民族自治县人民政府的筹建工作。各区也相应成立筹备小组，积极开展筹备工作。3 月 27 日，峨山县委、县政府召开“峨山县各族各界人民代表会议筹备委员会”全体会议，学习《共同纲领》关于民

族政策的规定和党的民族政策，制订全县的筹备工作计划和分配各区选举县人民代表的名额，结合布置了春耕生产、抗美援朝及镇压反革命等工作，制发了《形势宣传提纲》《成立自治县政府宣传提纲》和《召开各族各界人民代表会议的计划（草案）》等材料，号召全县各族人民，以搞好清匪反霸、减租退押、抗美援朝、镇压反革命及生产等工作来庆祝民族自治县人民政府的成立。

县筹备委员会会议以后，召开选民大会，选举产生了县的各族各界人民代表196人。推荐出县长、副县长及政府委员人选。

5月6日至13日，在县城召开峨山县各族各界人民代表会议，出席会议的代表196人。会议的主要任务是进行民族政策教育，增强民族团结，成立自治县人民政府，动员全县

县城之夜

各族人民完成清匪反霸、减租退押、抗美援朝、镇压反革命、建立区乡自治政府或联合村政府。按照大会议程，大会执行主席张自先致开幕辞，玉溪区专员公署专员孙振华和县委书记陈伯文先后讲话，听取了县委书记陈伯文做的《施政计划（草案）报告》和代县长张自先向大会做的《一年来政府工作报告》，经过分组讨论和充分协商，一致通过了两个报告和《民族自治县人民政府组织条例》及《选举办法》等文件。大会号召与会代表充分发扬民主，加强民族团结，反对大汉族主义和狭隘的民族主义，禁止民族间的歧视、压迫和分裂。

5 月 13 日上午，峨山县委书记陈伯文做《峨山县第一届各族各界人民代表会议决议（草案）的报告》，县长张自先向大会做《财政预算和地方粮食开支概算的报告》，大会一致通过以上两个报告。至此，历时八天的会议胜利完成了大会的各项议程，在热烈的民族团结、友爱气氛中圆满闭幕。下午，县城及附近村寨的各族人民群众数千人，穿着节日的盛装，敲锣打鼓，燃放鞭炮，要着大龙和狮子，载歌载舞汇集县城，与各族各界人民代表一道，参加峨山民族自治县人民政府成立的庆典，同时举行声势浩大的大游行，欢呼峨山民族自治县的诞生。从此，峨山各族人民开始了建设新彝乡的奋斗历程。

宜人的县城广场

易峨故道访古迹

易峨公路是连接峨山与易门两县之间的古老通道。在那些劈历拔险的山路上，千百年来民族迁徙和物资往来不绝如缕，像一条通往祖地的脐带，养育了沿途星罗棋布的山寨村落。今天，在这条已经进化为桥涵托底、柏油铺面的康庄大道沿线，还散落着不少历史的记忆，可以让那些追古怀今的人一唱三叠、咀嚼回味。

当你驱车在逶迤的易峨高二级公路峨山段行驶时，你是否想到过，不经意间还有不少完整的文物古迹，从你的车边呼啸而过？而且，当你去探访这些陌生的古迹时，这些古迹是这般的耐人寻味，历史仿佛在你面前突然打开了一条时空隧道，诉说着它的前世今生。

从峨山县城出发，沿易峨高二级公路向西行进不到五分钟，大渔洞赤字岩题刻“威震遐荒”便映入眼帘，这是明代爱国将领邓子龙途经峨山时题写的。赤字高 0.95 米、宽 0.85 米，字迹呈红色，笔力刚劲，气势雄浑，赤字崖因此而得名。1583 年缅甸军侵犯云南，邓子龙（1531—1598 年）率部平定，留守云南戍边。明朝年间，他参加支援朝鲜抗击日本倭寇的战争，在战争中为国捐躯。据史料记载，邓子龙一生酷爱挥毫泼墨、吟诗作画。可他在滇 12 年中，留存的题刻古迹，目前仅存两处，峨山赤子岩题刻是其中的一迹。万历十九年（1591年），邓子龙奉命移师玉溪，率军平定新平起事，途经峨山城西通济桥，看到深箐鸟道山势险峻，悬崖勒马随口而出："吾辈威震遐荒也。"便下马在赤壁题词刻写。虽题刻历经四百余年，仍赤字如新、红光闪闪，斗大的四个字很远便能看到。

这里还传颂着修路改道护文物的故事。原本修建易峨高二级公路，要从赤字崖穿过，引起了热心老同志的重视，为唤起大家尊重文化、保护文物的意识，几位老同志四处呼吁，希望能够得到有关部门的重视，采取措施加以保护。2010年6月峨山县召集相关部门，结合老同志的建议，专题研究赤字岩文物保护方案，并呈报省、市相关部门，最终确定不动文物，把路基向外改线平移，从而保护了这一明代历史文化遗迹。改线平移工程比原方案所增加的投资达45万元，这是玉溪市公路修建上史无前例的。

当年邓子龙站在红石崖问路，感慨遐荒之地地势之险峻之时，他是否会想到如今天堑变通途、大桥飞跨山箐、公路上车水马龙的情景。假如邓子龙将军见到今天的景象，他不仅不会发此感慨，而且说不定还会赞叹一番呢！

穿过田心隧道，便进入古镇甸中。号称甸中三乡河河首的桥头村（今甸头一队），至今还留存一座石拱桥，这座石拱桥是目前峨山境内保存较完整的一座。此桥属单孔石拱桥，孔高近10米，跨度近15米，单块石条大多超过1米以上，在当时没机械的情况下，先辈们能把几百斤重的石条，搬到并锁定在半空，谈何容易。据说，双河村在昆明的木匠师傅方有林想出妙招，采用先预制木拱桥，然后把石条移到木拱桥上，最后撤除木拱支架的方法建桥。尽管石拱桥下流淌的是条平时温顺的季节河，但这条河史上也如雄狮猛兽般暴发过不知多少次洪水，但石拱桥依旧稳如磐石，堪称桥中一绝。近代以来，桥头石拱桥曾是三乡河上游重要的交通桥梁。甸头人生产、劳作每天必过石桥；邻近村寨的娃娃，每天踩田埂的晨露，要过石拱桥到武庙上学；长子河畔的文山、安居、河外一带的

威震遐荒

彝家人来甸中赶集，或者购置日常生活必需品，石拱桥也是他们的必经之地。如今这石拱桥虽是古稀之人，但它仍然稳若泰山，仍然静静等候，等候世人在它上面来来去去，正焕发着它的余热余光。

元世祖忽必烈至元十三年（1276年），甸中设筇川县，属嶍峨州管辖，知府设于甸中古城；甸中古城至少也有800年历史，由于昔日三乡河两岸，龙竹慈竹密布，古镇甸中别名也称作筇川。甸中古镇历史悠久、文化深厚，离镇一千米的栖木塀关公庙，就是这段厚重历史的见证。关公庙建于明朝，距今已400年之久，几经修缮，风貌依旧。步入肃穆的庙内，雄伟的主殿关公殿，高耸蓝天；错落有致的观音殿、厢房护卫着主殿；清静安详的庭院彰显着先辈们的大度与虔诚。这是座按四合五天井结构建造的庙宇，在甸中三乡河两岸庙宇繁多，但栖木塀关公庙是目前保存较完整的寺庙。

在主殿格子窗大门上书有楹联，横批：富国济民；上联：清夜读春秋　点燃烛光照今古；下联：孤州代吴魏　千秋浩气贯乾坤。从楹联内容看，显然是讴歌关羽虽屈身吴国却不忘报国图强的思想。民国十九年（1930年），在昆明打工的本村人出资，请墨客代书竖联，也道是重振武庙。20世纪80年代武庙里还在办学，每日书声琅琅、朝气蓬勃。当时，有一个教师突发奇想把竖联挂在主殿上，看着这副乱拼凑的新楹联，还琢磨出许多深意，并把其作为娃娃们的学训。果真，如楹联里所书学训一样，通过教师们的谆谆教诲，竟然从关公庙里培养出了许多学子。后来，当地这些学子有的当上地师级、县处级干部，有的做学问，有的在商海打拼，有头有脸。栖木塀关公武庙收藏着晚清重刊佛经《尼山宝忏》木刻印刷雕版，这是清朝同治六年（1867年）的雕版，距今已有140多年历史，佛经《尼山宝忏》重刊木刻印刷雕版，已残缺不全，但现存的雕版，大部分完好无损。尺寸相等的木板刻凸出来的反写繁体汉字，字迹明晰，书写规范，字体工整。幸好雕版封面还在，使人们从封面雕版上可以明辨：佛经《尼山宝忏》的重刊年代、存板地点等相关信息。这部源于圣人孔子故里山东曲阜的佛教经书，用木刻印刷再刊的年代是：同治六年孟秋下浣，即1867年9月下旬，存版于当时隶属昆阳县内甸乡的栖木墀关公庙明善堂内，免费供附近寺庙自备烟灰前来复印，作为僧尼代人忏悔时念的经书，足见当时栖木墀关公庙旺盛的香火，以及在当地传播佛教文化的影响力。

甸中古镇是峨山县的北大门，在易峨高二级公路峨山易门交界处的龙凤村，有一座修复后的木桥。这座桥名曰起凤桥，静立在甸中镇三乡河下游，是目前峨山县境内唯一一座仅存的廊桥，距今80年，由龙凤村的石匠、木匠共同修建。桥身流畅，厚重古朴，典雅飘逸，廊桥跨度27米，桥高13米，桥梁桥面采用当地珍贵的红椿树木做成，桥面两边分布着错落有致的栏杆，走廊宽4米，人们肩挑背驼可以从容走过走廊，甚至牛羊过桥都很自在；顶部采用当地建房风格架设瓦块，在为行人遮阳避雨的同时，有效地保护了桥上的木制设施。

这座廊桥建在雨季流沙量大而急的季节河上，它的桥墩设计凝聚了民间的智慧，桥墩前后受水的两面，磨制成刀刃状把泥沙和河水巧妙分流。桥墩上栩栩如生的石牛令人拍案叫绝，石牛伏身窥视着河流涨水变化的情况，据说，在修桥时打条石牛看守廊桥，目的在于让石牛为村民通报洪水险情。自从修建起凤桥以后，不管三乡河起多大的洪水，当地的村民们都能自由往返河两岸，当时出村逃难的人少了许多。如今这座廊桥修复一新，依然在当地发挥着重要的交通作用。

春意彝乡

在峨山这片山水相恋的美丽家园，你可以随时聆听到大地母亲深切的呼唤。当高香竹海披着一身的绿走进你的联想，当高耸入云的高鲁山展现在你眼前，当迭白水瀑布的涛声回荡在你的耳际……请你穿越历史的天空，让疲惫的身心获得一次彻底的放松。在这片充满诗意的土地上，山不仅是我们的居所和家园，山是一种性格、一种胸怀；水是一种柔情、一种体贴。峨山彝族人民用自己的智慧和勤劳，诠释着这片土地的温情、美丽和幸福。

魅力峨山，多彩彝乡

峨山，因山之巍峨得其名，因水之迤逦钟灵秀。今天，峨山正凭借良好的区位优势、丰富的自然资源，在新一轮大开发、大跨越中，深入实施“生态立县、产业强县、创新兴县、开放活县、共享和县”五大战略，稳步推进全县经济社会的发展。

峨山素有“滇中咽喉”之称，交通发达、便捷，昆曼大通道、易峨高二级公路穿境而过，乡村公路网络四通八达，县城距昆明126千米，距玉溪28千米，离昆玉铁路终点站17千米，区位优势明显。境内矿产资源丰富，有铁、煤、硅、铜、铅、锌、高岭土、硅藻土、石灰石、花岗岩、大理石等矿藏，且品位高、矿点集中、便于开采。其中，铁矿石探明储量近亿吨，平均品位达50%以上；煤矿储量2945万吨，硅矿储量在亿吨以上。水源充沛，水能蕴藏量2.817万千瓦，其中，可供开发量1.69万千瓦，正在开发建设的龙门、雨果电站，总投资18亿元，投产后，年发电量可达8.6亿千瓦时。

经济建设与生态保护并行，经济效益与生态效益同步提高，产业竞争力与生态竞争力同步提升，物质文明与生态文明同步推进，先后荣膺“辉煌十一五——中国最佳绿色生态县”和“全国生态文明先进县”称号。土地面积 1972 平方千米，森林覆盖率达 66.4%。实施“森林峨山”“绿水青山”“生态家园”计划，加大封山禁采、植树造林、退耕还林力度，加强矿产资源开发、生态环境整治和荒漠化综合治理；落实节能减排任务，推行清洁生产，发展循环经济；开展城乡环境综合治理和农业面源污染治理，强化河道生态环境治理保护，推进殡葬改革。

“建园区、强招商、育集群、扩总量。”工业经济做强新型矿电产业，提升焦化产业，提档升级装备制造业，做大生物医药业，做优绿色食品加工业，培育战略型新兴产业，推动了全县经济社会跨越式发展。中国第一家外商独资的白酒生产企业——云南峨山玉林泉酒业有限公司，现代综合性生物资源开发集团——云南玉溪源天生物产业开发有限责任公司等，一批大型企业和公司如雨后春笋般拔地而起，为峨山经济注入了生机和活力。2007 年以来，重点打造的金水工业园区，目前已初步形成以化工、金属冶炼、铸造、新型材料产业及配套服务为主导的产业聚集区。2013 年破土动工的玉溪市大化产业园区化念片区，近期规划面积 31.49 平方千米，远期规划建设面积 193.93 平方千米，这个定位为产业发展聚集区、产城融合示范区、小微企业聚集区、移民再就业安置区和热区旅游观光区的产业园，将成为彝乡经济增长的新亮点。随着两大工业园区基础设施的日趋完善，昆钢集团、恒茂铸造、顺兴纸业、新银河化工等一批有影响力的企业相继落户园区。2013 年底，园区入园项目 55 个，产值占比 80%，园区的聚集、辐射和带动作用日益显现。

依托优越的自然和交通条件，优化区域布局，选准优势产业，调整产品结构，培育龙头企业，积极发展高原特色农业，努力实现农业发展规模化、产业化、现代化、特色化。制定出台《峨山县高原特色农业产业发展规划》，建设滇中

落在人间的彩练——火把节点亮的县城

畜牧养殖基地、滇中木本油料基地、云烟优质烟叶生产基地等；实施百万头牲畜出栏工程和百万亩特色农业产业工程；进行易峨高沿线绿色生态产业经济带和大（龙潭）富（良棚）塔（甸）绿色产业经济走廊建设，强势推进核桃、金丝蜜枣、油桃、三华李、猕猴桃等规模化种植；积极创新农业经营体制，大力发展农民专业合作组织；推动公共财政向农村倾斜、公共设施向农村延伸、公共服务向农村覆盖；加强农业科技推广，推进美丽家园建设；加快农村水、电、路、通信等基础设施建设。目前，全县已形成以烤烟为主导，粮、烟、油菜、畜牧、林果、蔬菜等协调发展的特色农业体系，正逐步向特色庄园经济转变。

依托得天独厚的文化和生态资源，以更大的气魄、更宽的视野、更大的手笔，高端谋划文化旅游产业发展，积极融入昆玉红旅游产业经济带。围绕擦亮“天下彝家　笃慕梦园”形象宣传名片，

做优做精先祖文化、花鼓文化、圣火文化、节庆文化；串点、连线、扩面，整合小街温泉旅游资源，启动“笃慕梦园”项目规划建设，推进“梁子一路情”“红色旅游”等特色旅游线路建设；充分挖掘特色饮食文化，打造环境优美、设施齐全、配套完善的星级农家乐和餐饮店；加快凤窝庄园、竹海庄园、高香茶庄园提档升级，推动生态休闲观光旅游发展；挖掘彝绣文化，传承彝族文字，创建中国楹联文化县，打造高端文化品牌，以民族文化的大繁荣带动旅游产业的大发展。如今，随着文化旅游资源优势的日益彰显，“天下彝家　笃慕梦园”已成为峨山一张亮丽独特的文化名片。

坚持教育优先发展战略，加大教育投入，加强教师队伍建设，全面提高教育教学质量，加快推进美丽100校园行动计划暨中小学校舍安全工程；加快医疗卫生基础设施和信息

龙舞开新街

化建设，稳步推进医药卫生均等化服务；强化就业服务，拓宽就业渠道；高度重视社会保障、移民安置、计划生育、安全生产、社会治理、法治建设、国防教育和后备力量建设，以及粮食、供销、质监、食药监管等社会各项事业。随着各行各业竞相发展，峨山县城乡面貌不断改善，社会保障水平不断提升，各族群众安居乐业，呈现出“病有良医、学有优教、老有善养、住有宜居”的良好局面。

乘着新一轮西部大开发、云南桥头堡建设和滇中经济圈建设的春风，峨山各族儿女正以崭新的姿态谋划着新的发展篇章，努力建设生态、活力、和谐、幸福、美丽的新彝乡。一个实力强劲、充满活力的开放峨山，正在竞相发展的大潮中，勇立潮头、扬帆起航。

高香茶叶竹海情

高香茶意，竹海情深。高香茶叶源远流长，上可引经据典，下可追寻茶马古道的踪迹。高香品的是茶，竹海品的是绿，归根结底，品的是彝家多姿多彩的乡土文化。高香竹海一路情，喝不完的彝家酒，品不够的彝家茶，道不尽的彝家情。

去彝人谷竹海，感受曲径通幽，是一次美妙的释放。当青翠欲滴的竹林，在微风中时而鞠躬、时而摇曳，总是让你如梦如幻、如醉如痴。

身在彝人谷万亩碧波荡漾的竹海中，满眼皆是绿啊——绿的竹，绿的山，绿的天，绿的心。仿佛置身世外桃源，神清气爽，流连忘返。“那醉人的绿呀！我若能裁你以为带，我将赠给那轻盈的舞女，她必能临风飘举了。我若能挹你以为眼，我将赠给那善歌的盲妹，她必明眸善睐了……”彝人谷竹海的绿与朱自清笔下的《绿》相比，有过之而无不及。如果说朱自清的《绿》抒发的是对梅雨潭诗意情感的话，那么彝人谷竹海的绿便是原生态纯朴的绿，体现的则是彝家人坚韧和高雅的品格。

万亩竹海生态旅游区位于峨山县厂上村境内，距离县城

20千米，在老213国道及玉元高速路沿线，毗邻高香生态茶园，是峨山“彝人谷”旅游区的“三园”核心之一。

梅、兰、竹、菊岁寒四友是画家的爱物。这里除了感受竹的高风亮节外，还能感受万亩竹海那气势磅礴、仪态万千、生生不息、和谐共生的自然风光。那些姿态各异、形形色色的竹林，犹如生活在大千世界里的芸芸众生，在为万代子孙的生息繁衍而忙碌、奔波。瞧！那一簇拥挤在一起的竹子，不就像个拖家带口的家庭吗！高大成熟的该是父母长辈，健康成长的便是儿女子孙；那些只有两棵相依相偎生长在一起的竹子，就像情意绵绵的情侣；而那些独生独长的却像独自闯荡江湖、勇于拼搏的年轻人。

为了让游客畅享行走竹海的那份闲情逸致，从空中观景台开始，经营者修建了一条伸向竹林深处和山顶的步行栈道。栈道用鹅卵石铺砌，蜿蜒曲折，在竹林中时隐时现，一直伸向前去。在这里，追求的是竹海原生态旅游乐趣，享受的是竹海的幽静，以及那种远离城市喧嚣，回归自然的生活。走在蜿蜒曲折的步行栈道上，高大浓密的竹林遮天蔽日，细碎的阳光偶尔从竹叶间筛下来，清新的山风拂面而过，那心境，那感觉，胜似神仙。

到了用餐的时候，当游兴未尽的人们停车张望时，不知从哪里冒出来的几个彝家阿妹就会热情地迎上来：“阿哥！快来这里歇歇脚，尝尝彝家的竹宴。”一顿丰盛的竹宴美食就不可不尝了。竹宴以竹海山珍为主打菜肴，竹笋、竹荪、竹胚、竹蛋等为原料，每一道菜都与“竹”有直接或间接的关系。从竹的根茎到竹笋、竹竿，再到竹叶，每一部分都得到充分利用，且素雅别致，色香味俱全，菜肴丰盛，香气袭人，叫人垂涎欲滴。竹宴还可以根据消费者的需求，做出烧、炖、炒、烤、蒸、煲、烩、凉拌等美味。

竹海融生态竹文化休闲度假、彝族文化体验一体，以主题酒店、空中观景台、竹林茶室、步行栈道、竹盆景生产、竹产品加工、生态停车场等一整套休闲胜地组成。来到竹海，在感受休闲文化的同时，加上一餐不错的生态竹宴，更让人美不胜收、流连忘返。

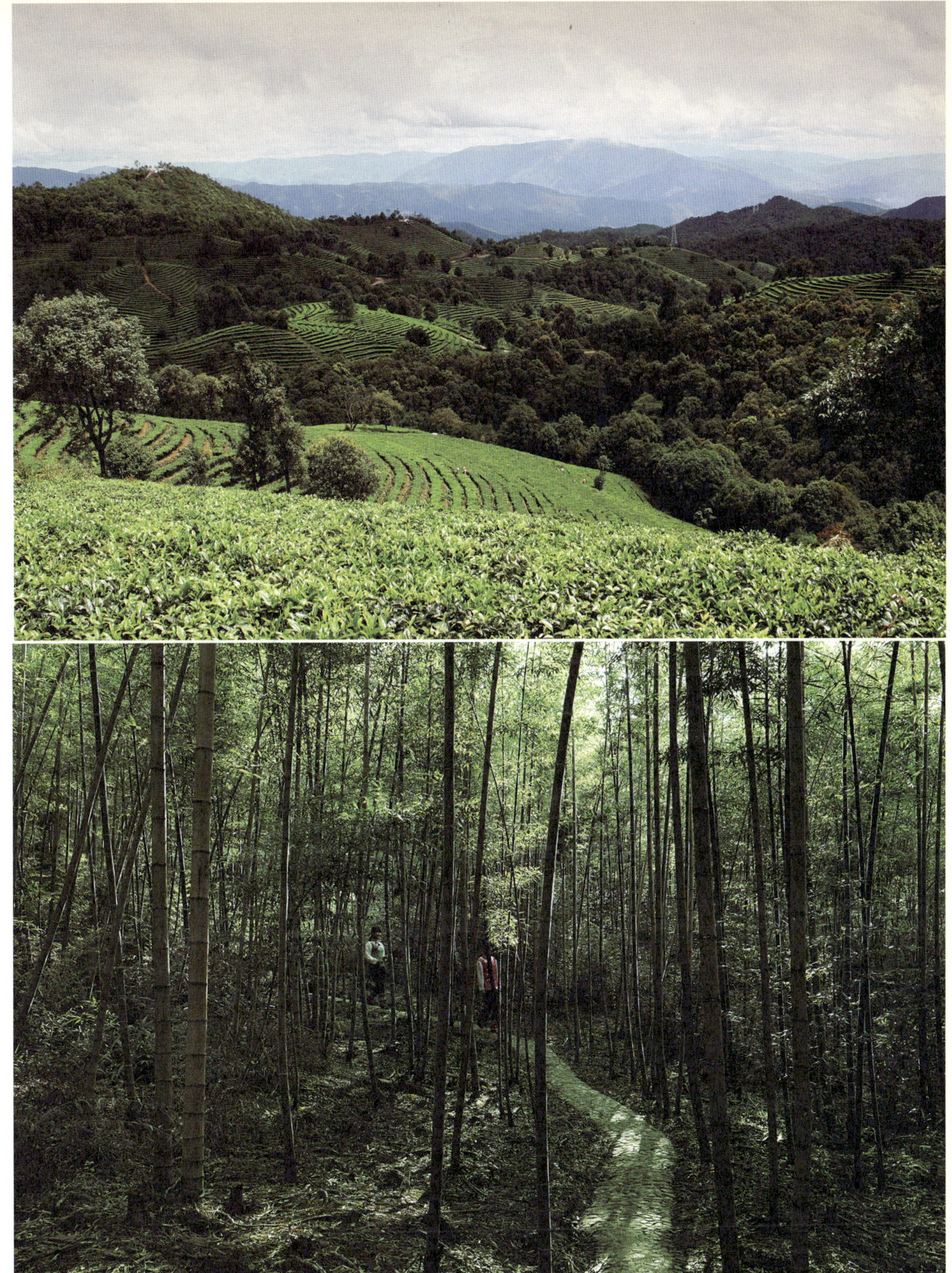

离开竹海后，沿着沥青公路继续前行，刚才还是满眼青翠的竹林，转眼便进入了一个原始森林。天空烈日炎炎，进入高香万亩生态茶园旅游区后，林海里却是幽静清凉、空气清新。

对于高香万亩生态茶园，即便是土生土长的本地人，每次来都会有不同的心境和感受。茶园总是披着一层朦胧而神秘的面纱，有时像一个美丽羞涩的彝家少女，有时又像一个粗犷豪放的彝家小伙。如果是在初冬时节，看旭日初升时如梦如幻的云雾，心境特别不一样，那连绵起伏的山峦，那在云雾中时隐时现的万亩茶山，白茫茫一片，空气中还夹杂着嗖嗖的寒气。而艳阳高照的时候，茶山又像一头头野牛，由近至远，从浓绿逐渐褪至浅蓝，最后与蓝天混为一体，高香万亩生态茶叶则一畦畦俯卧山间，在阳光下生机勃勃、如诗如画。

不过，来到高香万亩生态茶园不仅是为了欣赏如诗如画的风景、呼吸清新的空气、享受回归自然的感受，还可以体验到这里的彝族茶文化。

据彝家妹子介绍，采茶到制茶的整个过程都可以由客人自己完成，也可以由茶园工作人员代为加工，让客人带走。无论如何，即便是平时在家里比较悠闲的客人，也绝对不会错过自己制茶的好机会。从茶地回来，采茶姑娘会把你簇拥到茶文化走廊，那里有别致的图画和详细的解说，内容包括中国民风茶俗、茶叶分类、茶史溯源、唐代宫廷茶具、海上茶叶之路等等。对于采茶、制茶笨手笨脚的人来说，那就无法与采茶姑娘娴熟精湛的技艺相比了。不过毕竟是自己的劳动成果，加工出来的茶叶还是会觉得比人家的香、比人家的甜。

体验完采茶、制茶，自然心满意足，但这绝对不是茶园生态旅游的全部。在就餐过程中，娱乐部的彝家妹子会迎上前来，放开她们动人的歌喉，唱起敬酒歌。

远方的贵宾四方的朋友

彝家采茶女

我们不长聚难有相见时
彝家有传统待客先用酒
彝乡多美酒美酒敬宾朋
请喝一杯酒呀
请喝一杯酒哟……

听着彝家妹子甜美的歌声，峨山玉林泉美酒，也变得越喝越甜，直到喝得大醉，你还会觉得徜徉在甜美的歌声里。

青山绿水高鲁山

神奇壮美的高鲁山，就像一位慈祥的母亲，哺育了一代又一代生活在那里的彝家儿女；高鲁山又像一位楚楚动人的彝家少女，让你收获阳光和醉人的美景，让你产生情人的依恋，让你日夜魂牵梦萦……如果你愿意让生命经历一次神秘的旅程，如果你愿意让灵魂获得一次全新的洗礼，那你就来吧！

如果你愿意让生命经历一次神秘的旅程，如果你愿意让灵魂获得一次全新的洗礼，那么，你就来吧！

用你的信心和勇气来攀登高鲁山，让你的眼睛收获一次无限灿烂的阳光，让你的心灵感触一次大自然醉人的风景，让你的脚印在离天最近的地方留下难舍难分的依恋。

高鲁山是峨山彝族自治县境内至今还披着神秘面纱的一座大山，北面与昆明市晋宁县相连，东北部与玉溪市红塔区接壤，西南部与峨山县一衣带水。高鲁山不是一座独立成形的山，它是由几十座绵延二三十千米的大小山峰和山脉簇拥而起的一座大山，最高顶峰海拔 2614 米，为滇中地区少有的几座高山之一。

从峨山县城前往高鲁山，有一条长达十几千米，蜿蜒通向山脚一个名叫银河的彝族山寨的乡村公路。如果你想登上视野一片空阔无边的高鲁山，那么，你还得沿着一条崎岖的山路步行两个多小

时，才能到达顶峰。攀登的山路并不是只有一条，高鲁山四周都有山路通往顶峰。行走在通往顶峰的山路上，你不会感到任何疲劳，虽然路途崎岖遥远，但沿途不断出现的别具特色的自然风光会给你带来一路的惊奇，使你在不知不觉中忘记了攀登带来的疲惫。从山脚一路攀爬行走上去，你会听见从深箐里传来的山泉潺潺的流淌声，你还会不时看见一塘清澈见底的溪水；山路穿过峡谷，峡谷两岸，是密不透风的原始森林，滚滚松涛一阵接着一阵呼啸着掠过一碧如洗的天空；千年古藤悬挂在山路两岸的险崖上，密林里鸟儿此起彼伏的啼唱，仿佛天籁之音；更让你赏心悦目的是，一路走来，漫山遍野开放着一树树鲜艳而醉人的野花：山茶花、杜鹃花、马缨花，还有许多不知名的山花，它们像一群群迎客的红男绿女，不停地向你招手。高鲁山一年四季都有野花开放，一

密林幽光

年四季你都看不够、赏不完。倘若幸运的话，路上你还会看见一群疾速穿过树林的野猪，或者竖起耳朵朝你观望的野兔，当然也有其他更多可爱的小动物。

高鲁山上更神奇的还是鹰。鹰是彝族人勇猛顽强的象征。只要你站在高鲁山上仰望着蓝天，你随时都会发现有两三只鹰在头顶盘旋，它们像镌刻在天宇里的活动石雕，让你顿感天空变得更加浩瀚

无边。

当你来到高鲁山海拔两千米以上的地方，已经很少看得见松树和杉树，展现在眼前的是大片大片如毛毯般铺陈在大地上的草场，还有茂密的灌木林和散布在草地周围的一棵棵独树成林的乔木。站立在顶峰鸟瞰苍茫大地的时候，真可谓一览众山小，不仅玉溪坝子尽收眼底，百余千米内的大小山峰和坐落在这些大小山峰上，像蘑菇一样星罗棋布的彝家山寨，也就一一展现在了你的视野里。

如果你心血来潮，带上一顶帐篷或者砍来缀满绿叶的树枝搭起一个草屋，读上一夜星空与兽影，听上一夜虫鸣和风声，相信你一定会感觉到生命的虚无与空灵。相信你一定会触摸到大自然最原始的心跳。

隐藏在丛林里的古道

情结丫勒热谷

丫勒，这个诗意的名字，总是让人浮想联翩。相信你一旦来到了丫勒，就会感受到祖祖辈辈生活在那里的彝家人像奔腾不息的绿汁江水那样炽烈的热情，而且你还会饱览难以忘怀的独特风光。

春末午后，阳光尚娇。从富良棚一路直下，至海拔800米，沿途翠绿叠嶂，山风清爽拂面，公路两旁更是风景如画。

蜿蜒的山区公路挡不住你的向往，风尘和颠簸也挡不住你想贴近的渴望。来到丫勒热谷，路旁的芭蕉叶舒展招迎，酸角枝翠绿青葱，还有凤凰树火红浓烈的热情仿佛彝家率直奔放的姑娘。传说，凤求凰时，曾飞过万水千山而不得，凰飞越至此，被这温柔谷地吸引而落，凤见此景，亦翻身而落与凰相拥，千万片羽毛瞬间幻化为千万棵火红的花树。

轻轻推开通往江边的那道小铁门，沿着台阶而下，新插的稻禾缓缓地在绿汁江畔铺开，那份柔和的绿意无法叙说，只有向着远方的山谷尽情延伸。沿着小路来到江边，低头一望，石头旁数十尾小鱼就会闪身而过。

穿过丫勒热谷的绿汁江

且行且停，在绿汁江畔散步，“远处风吹过，天边云落影”的景象会让人一时回不了神。正沉醉在天际色彩奇妙的变幻里时，却听得不远处一阵清纯的笑声，然后是赤脚踩着流水的声音，抬头望去，只见一群小姑娘边讲着彝话边坐在江边等待着什么。

过了一阵子，远山黛色渐浓，一轮弯月已悄然悬挂在高高的山尖上。绿汁江上，一群群暮归的鸟拍响翅膀远去。姑娘们开始脱去盘在头上的喜鹊帽，帽子的眉间坠发出了一阵丁零零的响声。这美丽的帽子顶部做空，四周用五彩棉线绣花，帽檐镶着银色的铆钉，帽尖一串精致的吊坠，把每个姑娘衬托得更加美丽而醒目。接着，姑娘们解开了花围腰。这花围腰更是精致到家，8 根银链由小银扣连接着，粗犷奔放

中妙趣横生，中间绣满花草鸟兽精美的图案。姑娘们边说边笑，相互解开了脖颈和侧腰上的布疙瘩纽扣。这种湛蓝色的长袖布衣上，领口、袖口、胸前都绣着茶花、菊花和绿叶藤条，还用细密的几何图案和银色铆钉勾边。是啊，这是彝族人一代代传承下来的刺绣工艺精品，它那精致缜密、变化无穷、古朴纯美、明快艳丽的图案，不但把彝家姑娘衬托得清爽健美，而且更加充满自然气息。

姑娘们终于毫不在意地走进了江水里。一层氤氲的薄雾在月光下轻轻地将她们笼罩起来，然后又被哗啦哗啦的流水声打破。那夜，是月华芬芳的温柔夜，姑娘们将头枕在绿汁江里的鹅卵石上，任由江水细细地梳理满头黑发，再从指缝中流过，抚摸每一寸肌肤的纹理。今夜，亦是月色如水，河谷温润的晚风散发着果实清甜微涩的味道。如果有朝一日不堪世事纷扰，只求一片宁静天地，她定用如水的温情平复你所有的烦琐，让你重燃生命的亮光。

他甲河上情侣瀑

他们从神话中脱胎换骨，他们从远古走向我们。

他们首先是情侣，然后才是瀑布。他们的情染绿了千里苍茫的彝山，他们的爱美化了彝家人的多彩生活。

这是一对情侣瀑，他们是他甲瀑布和迭嘎可瀑布。

他甲瀑布在塔甸镇海味村委会距他甲村3000米外的山箐里。这条山箐终年云雾缭绕，树木茂盛，野花遍地，百鸟啾鸣，溪水潺潺。从村委会沿着崎岖山道步行约一小时，便抵达他甲瀑布上游。未见瀑布，先闻其声。穿过一段丛林“鸟道”，期待中的瀑布便亮在眼前。

瀑布上游的水面由成片的岩块天然拼接，面积达几十平方米，石奇水秀，出现在眼前的景色令人陶醉。因流水成年累月拍击岩块，形成大大小小的圆孔，呈现出滴水穿石的景致。这些圆孔线条柔和，有的浸在水中，有的裸在外面。瀑布上游便整体形成一个天然“大舞台”。每逢节庆日，邻近村民，来自远方的宾朋，都不约而同聚集于此，唱歌跳乐，热闹非凡。

塔甸他甲河瀑布

站在瀑布前方观看瀑布全貌，景象更为壮观。水流从 15 米高的顶端飞流而下，犹如一条白练，哗哗直流的瀑布拍打着岩石，溅起一簇簇银白色的水花。

他甲瀑布背面还有一条隧道，此隧道高约 0.8 米，长约 50 米，人可以自由穿行。洞里观瀑别有洞天，瀑布像迷人的白色纱绢，从眼前倾泻。这条隧洞，不管雨下得多大、水流得多急，人都可以来往。传说，很久以前，他甲村有一个漂亮的纳苏（彝族支系）姑娘，与他甲河上游的迭嘎可村一个帅气的山苏（彝族支系）小伙相互爱慕。但两人海誓山盟、私订终身后不久，就遭到了姑娘家父母的坚决反对，不准双方再来往。这时候，他们坚贞不渝的爱情感动了他甲瀑布之神。就在女方父母打算把女儿嫁给别人之际，瀑布之神让出一条通道，让两个恋人在隧洞里秘密约会。虽然两个恋人最后还是被打散了，但他们生死都没有分开，他们在他甲瀑布殉情了。从此，纳苏妹化成了他甲瀑布，山苏哥变成了迭嘎可瀑布。

顺着塔甸到大西的水泥公路前行，一路风光一路好心情。进入大西山西侧茂密的松林，很远就听得见迭嘎可瀑布的响水声了。来到瀑布前，令人耳目一新，涓涓泉水从梯形岩层犹如针线般滴入澄清见底的水潭，泛起银白水花的同时，发出欢快的响声，回荡在绿意浓浓的山涧。

迭嘎可瀑布位于他甲河上游。迭嘎可瀑布距下游的他甲瀑布约两千米，这对情侣瀑布，生生死死同守一条箐、同饮一河水，伴随着潺潺的流水声，一对生死相依的恋人，他们不朽的传奇爱情，让我们至今无法释怀。

冬暖夏凉土掌房

土掌房是写满历史沧桑的彝家世代居所。土掌房不仅冬暖夏凉、为彝家人遮风挡雨，而且是彝家人生息繁衍、世代传承的建筑典范。然而，由于外来文化的冲击，如今的土掌房，这个彝家活化石已经逐渐从人们的视线中消失……

彝族土掌房，是解读峨山彝族历史文化的一扇窗口，也是领略峨山彝族人与自然和谐相处的一个理念。峨山境内的彝族村寨都依山而建，他们把村子周围的一草一木，视为生存繁衍的基础，所以，建盖土掌房的时候都就地起用泥土，少用木材，不但严禁乱砍滥伐，而且习惯在土掌房前后都种树、栽花。

土掌房的建筑设计，除考虑环保外，还融入了团结互助的思想美德。整个村子的土掌房都相互连通，就像一座城堡。每当庄稼收获的季节，每家屋檐下都挂满了玉米和辣椒，房顶上晒满了金灿灿的稻谷，相邻之间的土掌房从不上锁，人与人之间淳朴的情感，在一层层土掌房之间流露和传递。

土掌房的土墙，在风吹雨打中被钙化，变得十分结实，因此，即便是房木腐朽，房屋也不会倒塌。彝家土掌房大多带楼层，上下层楼之间用木梯连接，楼板用泥土铺盖，存放五谷杂粮。

别具一格的彝族土掌房

土掌房的主要特点是冬暖夏凉，可以说是彝家人的天然空调。

据说，把腌制好的火腿存放在楼板上搁放两三年都不会变味，悬挂在梁柱上的腊肉，也不会生蛆。土掌房与瓦房的防雨技术迥然不同，土掌房防雨靠的是顶上的土掌，彝家人建盖土掌房选用的是一种极富黏性的土壤，这种带细小沙砾的泥土，被温润的空气浸透后，很容易围着小石块板结成一体，暴晒时泥块裂开小缝，用扫把一扫，细土掉落裂缝。下雨时裂隙很快黏合，不致雨水漏到屋里，这也是彝族土掌房寿命持久的秘密。

在传统与现代对接中，一种新式土掌房，又在边远的大西山上出现了。过去，大西土掌房是不设天井和窗口的，除了禁忌鬼怪从天窗入屋外，还有防备盗匪的考虑。天井及天窗是新式土掌房的突出特点，是对老式土掌房的创新，天井上方的天窗，改变了老式土掌房采光不足的缺点。传统大西土掌房满堂开，几乎没有厨房，做饭土墼支锅。新式土掌房已经配置功能间，厨房明亮宽敞，台式节能灶、沼气、冰箱、厨具一应俱全。新式土掌房不但改变了过去不隔房间的习俗，还配备了接待亲戚朋友的客房。

彝族土掌房也和不断前进的时代一样，在改变着自己的命运。这是历史发展的结果、是时代变革的产物。

土掌房

小街大鱼洞风景

大鱼洞风景，别有洞天；碌碌河畔，世外桃源。小街温泉已家喻户晓，而与之一衣带水的大鱼洞景区却鲜为人知。那里拥有旖旎的自然风光，拥有神奇的传说故事，拥有“小石林”之称的各种惟妙惟肖的溶岩景观。你不妨也可以去探访一番，其中必有所获。

绕城而过的猊江和穿城而过的练江，在县城西南部交汇后，流经西乡坝子成为碌碌河。小街大鱼洞景区就在这条河流上，这是一处被当地人称为世外桃源的地方。

碌碌河经宝泉七寨河并入曲江，是珠江水系南盘江的重要支流。碌碌河流到清水河附近，便进入了深山峡谷。由于河面突然变窄，流水犹如千军万马过独木桥，开始奔腾咆哮，气势雄伟，峡谷风光一览无余。

沿着碌碌河左岸小路顺江而下，行进约五百米，小路便消失在险滩绝壁中。不过，半山腰上还有一条古道，这条古道在碌碌河支流小哨河入口处，转个弯便拐进了深山里。这是当年连接小街与河西的马帮古道，在历史上很有名。据说，小哨河洞中的黑壁，就是当年赶马人在此埋锅造饭时熏黑的。这条古道作为当时官方管理的驿道，曾经在通海与峨

山两县的商贸往来中发挥过重要作用。

跨过小哨河，往东走一百余米，就是仙人洞。仙人洞从洞口看其貌不扬，不过洞里非常宽敞、开阔，洞壁上的钟乳石，千姿百态，有的像仙女游春，有的似鱼龙戏珠，有的犹如石梁玉柱……回眸洞口，可见光线鱼贯而入，亦真亦幻，让人感觉“别有洞天”。

从仙人洞到大鱼洞，还要经过一段险坡陡路。在半山腰上，可以看到掩映在丛林中的碌碌河，这个时候的碌碌河显得格外幽雅，仿佛陶渊明笔下的世外桃源，而大鱼洞就在附近。

在年景村，流传着这样一个故事：从前村里有个渔夫，为招待客人，沿碌碌河下游捕鱼，不知不觉中来到了一个三面岩壁环绕的水塘。渔夫突然发现水下大鱼成群，他马上跳进水塘逮住了一条大鱼的尾巴，却没料到大鱼力大无穷，顺水把他拖进了一个溶洞里。最后，渔夫被大鱼拖得筋疲力尽，只好松手放掉大鱼，睡倒在岩石旁。半夜醒来时，发现射入洞里的月光中，水面诡异，幽灵成群。由于惊吓过度，渔夫再也没有游出这个地下溶洞。

20 世纪 70 年代初，年景村几个年轻人探访大鱼洞时，还看到过大鱼洞洞口。不过，如今的大鱼洞在多年的地质变迁中已逐渐消失，只留下了一堵大石岩，再也看不到当年大鱼洞幽深诡异的神秘景观了。

然而，大鱼洞景区还是值得一游的，当你选择好水流平缓的河面，涉水过河，站在河对岸观赏景区时，壮美的景观就会扑面而来。与石楼隔河相望的是大小不一的两堵石岩，其中大岩壁酷似坐在莲台上的观音菩萨，当地称此景为“观音岩”；而小哨河与“观音岩”之间的那堵岩壁，当地人称为“七姑娘滴眼泪”。

享受风景，也就是享受自然之美。小街大鱼洞风景虽然没有峨眉山壮美、没有庐山雄奇，然而，它有它的特色，它有它的美丽。

石楼

塔甸迭白水溶洞与瀑布

塔甸迭白水瀑布可以让你激情澎湃，而迭白水神秘的溶洞，以及充满传奇色彩的神话传说，更会让你领略到大自然创造出来的鬼斧神工般的地下景观。

一来到塔甸坡，就能看到迭白水瀑布了，但还需要走上将近一个小时的路程，才能到达迭白水溶洞。

迭白水瀑布在当地早已家喻户晓，而迭白水溶洞却像待字闺中的少女，还不为人知。

迭白水溶洞由下洞和上洞组成，上洞距垂直地面二十多米，从绝壁悬崖攀爬到洞口，没有专业工具是很难的，若徒手攀爬，必须从悬崖右坡再抄绝壁小道才能到达洞口。这里地势陡峭，树木疏密不一，根本没有路迹可循。来此探险，每向前挪动一步都要十分小心，别看到处铺满厚厚的积叶，但下面都是容易松动的石块，一不小心就会一脚踩空，摔下悬崖。顺利进入“迎宾门”后，往右走上几步就是迭白水溶洞入口了。来到豁然敞开的洞口，只要你对着洞口大声地吼叫，声音就会被溶洞扩音放大后传到几里之外。

关于迭白水瀑布和溶洞的神话传说，当地流传着多种版本，但都指向高平他达碧水潭。传说，很久以前，碧水潭水面上有两朵会游玩嬉戏的莲花，有一天，一场暴雨过去后，一个彝家姑娘赶着黄牛上山放牧。她发现暴雨后的碧水潭依旧清澈如镜，便在潭边梳妆打扮起来。但她发现自己映在水中的模样非常难看，一抬头，突然看见两朵莲花正在消遣嬉戏。她以为是两朵莲花在搞鬼，就气愤地用牧鞭把莲花抽碎了。从此以后，碧水潭变成了红水潭，后来又慢慢地干涸了。原来，莲花是一对青龙的化身，奉天庭之命管理高平、塔甸一带的水源。后来，受到惊吓的两条青龙，飞到风景如画的塔甸悬崖，打了两个岩洞穴居，雄龙在上洞，雌龙在下洞，双龙吐水，形成了今天的迭白水瀑布。

迭白水

天子山下涌温泉

泡上一回舒心澡，吃上一顿小街春鸡或鸽子宴，那是难得的享受。温泉度假融山、水、温、岩、洞为一体，到碌碌河上漂流，去大鱼洞探险，其乐无穷。

要感受峨山的旅游文化，到小街温泉也是一个不错的选择。

小街温泉亦称天子山温泉，温泉因坐落在风光旖旎、景色宜人的天子山麓而得名。

这里水草丰美、山川秀丽，有迷人的田园风光，有天然的田园太极图，还有“鱼米之乡”的美誉。

这里商铺林立、游人如织、交通便捷。由于温泉资源充足，且富含多种有益人体健康的微量元素及矿化物，商家云集，各类酒店和休闲娱乐场所比比皆是。现有高档次酒店5家，床位379个，会议室9个，沐浴、泡池能同时满足300多人洗浴，有室外大型游泳池3个，室内游泳池14个，旅游服务设施配套齐全。民间洗浴房、商铺、食馆更是不计其数。由于水温恒定，温暖舒适，加之温泉属低矿化淡泉水，既可

做天然矿泉饮料，又可做医用浴疗、健身饮品，因此，游客趋之若鹜，给商家带来了巨大的商机和利益。小街温泉所处的年景村，这个名不见经传的村子，如今由于地热资源的开发，老百姓也从中得到了利益和商机，纷纷摈弃传统观念，放下锄把，挂起犁头，开起了温泉沐浴店、美食馆和各种商铺，或者在酒店打工，奔上了小康致富路。

如果你到小街温泉旅游，有两样东西是绝对不容错过的。其一，不能错过与来自地心深处的水热资源充分接触的机会。像天苑等一些高档温泉度假酒店，都为你提供了周到的室外大型游泳池、室内游泳池、沐浴、泡池等多种服务，可随游客的喜好选择。浸泡在来自大地母亲心灵深处的热液中，放松身心，抛开一切烦恼，那是一种超凡脱俗的享受，是灵魂和心灵的一次洗礼。其二，不能错过品尝小街的特色美食。小街的特色美食有浓香四溢的小街春鸡、色香味俱全的鸽子宴、火烧干巴等等。这些特色美食，色、香、味

室外温泉

俱全，食之让你口留余香，回味无穷。此外，温泉的烧烤夜市也是一个亮点，入夜后，温泉大街小巷便摆满了夜市小摊，各种烧烤美食应有尽有。晚上泡够了澡，放松了身心，带上家人或亲朋好友，在夜市上烧烤几个菜肴，再加上几口玉林泉美酒，那绝对是一生中难得的享受。

小街温泉除了温泉酒店度假游外，还可进一步深游山、水、温、岩、洞等。沿温泉一衣带水的碌碌河畔顺流而下，可进行探险漂流，感受与大自然亲密接触的乐趣；也可到下游的大鱼洞岩洞群中去探秘，感受探险者的艰险与乐趣。

漫话临江公园

临江公园几起几落，几修几建，写满了岁月的沧桑，也见证了嶍峨大地的昨天和今天。“龟岭樵歌”更是生动再现了先民们的美好生活。

临江公园位于峨山县城南面，龟岭之麓，因濒临练江而得名。公园依山傍水，苍松翠柏，曲径蜿蜒，殿堂楼宇掩映其间，幽静清凉，被誉为“峨阳胜境”。

临江公园是过去“龟岭樵歌”所在地。史载：“采樵者往来于曲径回斜之蹬，行歌互答，声韵悠扬。”可见，在此开山建园之前，后山龟岭是当地村民、樵夫砍樵时出入的山岭。“龟岭樵歌”形象生动地描绘了采樵者在龟岭进出，山歌悠扬，行歌互答的美好生活场景，承载着采樵者的欢乐和艰辛。

康熙《嶍峨县志》记载，临江公园前身的最早建筑物为玉皇阁，始建于明朝天启辛酉年（1621 年），崇祯壬午年（1642 年）重修。崇祯癸酉年（1633 年）王显祖建真武阁、灵官殿。历代增建戏台、财神殿、长庚亭、斗母阁、雷神殿、鲁班殿、吕祖殿、天子庙、娘娘庙、张仙阁等 14 处殿宇 。斗转星移，公园几起几落、几修几建，写满了岁月的沧桑。民国初年，曾设立过“蚕桑学校”，创办过“国民短期小学”，抗日战争时期做过军用物资中转站。1958 年大炼钢铁时期，景区林木被毁；1966 年“文革”“破四旧”期间，殿宇塑像毁之殆尽。1970 年遭 7.7 级强烈地震，殿宇、树木严重破坏，遂成废墟。20 世纪 60 年代初期，曾在一台坡种植茶、桃、梨树等，被称为“花果山”。1968 年，东侧坡地划为县委“样板山”，曾种植过上千株板栗树。

如今的临江公园，是 1983 年根据峨山县人大会议的决定，在原址基础上新建的综合性公园。公园大门古朴典雅，金色琉璃瓦屋顶，上有鸟兽和宝葫芦图案。彩绘梁柱，飞檐翘角。门后是“千层叠”，潺潺流水从 8 米高处飞流直

临江公园大门

下，如九天银河。园内建有“望亭”“四角亭”“六角亭”等，均木质结构，琉璃瓦屋顶，雕梁画栋；还有钢混结构的“纪震亭”“蘑菇亭”和“映月池”等景点。公园顶端建有革命烈士纪念碑，用于纪念在人民解放战争、抗美援朝、对越自卫还击作战，以及在社会主义建设中英勇献身的181位烈士。

到临江公园散步，最让人惬意的是抛开尘世的喧嚣和烦恼，放松身心。沿着蜿蜒曲折的石阶拾级而上，或者漫步林间，在饱览园中美景的同时，去体会与自然亲近的感受。从公园正门出发，到公园顶端有三条路可走，一条是从正门的“千层叠”后，沿林间时隐时现的石阶拾级而上，经休闲走廊阁楼、山腰“四角亭”，直接登顶至革命烈士纪念碑。此道共有772级石阶，可在走廊阁楼、“四角亭”两处小憩，在欣赏园林美景的同时，让你找到拾级而上、步步高升的乐趣。另一条是沿公园大门右侧的小道漫步而上，中间经过“纪震亭”“望亭”“映月池”“蘑菇亭”等景点，幽静清凉自不必说，园林美景尽收眼底。此道可观赏东汉天文学家张衡手持书卷、怀揽地球的塑像，“纪震亭”及地动仪上下波动的地震波，时时提醒、警示着人们不要忘记昔日发生在嶍峨大地上的那场惊天动地的地震伤痛。第三条是沿公园大门左侧新修的“嶍山十里”休闲走廊蜿蜒而上，越过临江公园顶部的革命烈士纪念碑后，转向公园左面的山脉，经小桂峰、大桂峰、柏锦、安逸等村组后山，最后来到普华寺，全长约10公里。

而峨山当地人，更多的是喜欢借临江公园的石阶强健体魄。要么是晨练，要么是背水、担水。晨练一般只到二台坡（革命烈士纪念碑处），背水则更远一些，要到三台坡，而沿着“嶍山十里”一边欣赏美景，一边徒步锻炼是当地人最喜欢的运动。

❶ 革命烈士纪念碑

❷ 纪震亭

山水有意凤窝村

美丽凤窝，山水家园。山是一种性格、一种胸怀，是勤劳勇敢的彝家汉子的象征；水是一种渴望、一种温柔，是美丽动人的彝家少女的情怀。

阳春三月，天气晴朗，凤窝便进入了灿烂的季节。

天空一碧如洗，山野茫茫，百鸟啾鸣，马缨花、山茶花、迎春花、百合花，还有各种不知名的野花竞相开放，如一群正在迎候远方客人的彝家少女，情窦初开，扭扭捏捏。

伴随着布谷鸟深情的歌唱，彝寨凤窝从寒冬中苏醒了。

凤窝的山是神奇的，如果运气好的话，你可能在这片山野里，在幽静的山林中，在黄昏的夕阳下，与迷路后焦急地呼唤母亲的小麂子相遇，或者与成群觅食的野鸡共处……一碧如洗的天空中，你还会看到几只盘旋的山鹰。

源自甸中镇西就山脚的槽子河，就从凤窝寨子前缓缓流过，河面一年四季波光粼粼，蜿蜒曲折流经十几个山寨后归入化念河。每当春暖花开的时节，槽子河像个温柔多情的少女，一路欢歌向东而去。而一到雨季，却像一条暴怒的苍龙，

肆虐不羁，一路奔腾咆哮、所向披靡。

只要寨子四周那一片片、一块块油菜花静静绽放，凤窝山寨又迎来了一个充满诗情画意的春天。斜阳下，金灿灿的油菜花丛中，蜜蜂在不停地忙碌，蝴蝶在上下翻飞，娃子们在田埂上奔跑嬉戏，惊起一只只觅食的山雀，偶尔有农人牵着耕牛从田间走过，在夕阳下勾勒出高大的剪影……

远眺凤窝寨子，还真的像是一只头朝东、尾朝西的金凤凰，这也就不难理解驰名中外的红塔集团为什么选择它建起了现代园林风格的“凤窝庄园”。一走进寨子，美丽家园的感觉就会扑面而来，汉白玉河堤石栏，亭台楼阁，宽敞的走廊，繁花似锦、树木葱茏的花园，仿佛让人置身于城市的山水园林之中。极具现代色彩的“凤窝庄园”与传统古朴的凤窝民居交相辉映，构成一幅美丽的山水画。“凤窝庄园”里，每年都从大西神山引来火种，欢度传统的火把节，白天，举行盛大的花鼓舞大赛和各种文艺表演；夜晚，点燃熊熊的火把，纵情歌舞。

2015 年，凤窝村荣获“中国最美村镇”生态旅游奖，成为云南省参与评选村镇中唯一荣获该奖项的村镇。

彝家新村摆依寨

"山不在高有仙则名。"摆依寨西戈待，一个名不见经传的彝山小寨，以其淳朴的民风、良好的村貌、深厚的彝文化底蕴，借助建设省级民族团结示范村的东风而一夜成名。这里古树成荫、鸡犬争鸣、安逸恬静，是一幅田园牧歌式的现代生活画卷。

摆依寨，彝名西戈待（近音，意为树桩林），在峨山城西北方向16千米处，全村96户371人，是个典型的彝族山寨。根据地方史料记载，摆依寨始建于清朝顺治年间，至今已有三百多年的历史。摆依寨人和全国各地的彝族人一样，勤劳勇敢，热情好客，能歌善舞。

摆依寨依山而建，村舍依山势次第展开，错落有致，每一所房屋洁白的墙面上，都绘制着具有浓郁彝族特色的图案。房前屋后，檐下窗边，都挂满了金黄的玉米和火红的辣椒；街巷宽窄有度，台阶缓急相宜；村里村外，古树成荫，溪流潺潺，一派安逸恬静的古寨风味。

宽敞的综合文体活动广场，崭新的科技文化活动室，明亮的太阳能路灯，规范的人畜分离工程，还有广场上唱歌跳舞的身影，路灯下打牌下棋、喝茶聊天的声音，又使整个寨

摆依寨

子充满了活泼灵动的现代气息。

寨子四周，层层梯田沿着山形展开，从山脚一直垒到山腰。田地里栽种着各种作物，金黄的是油菜花，绿色的是菜豌豆，火红的是辣椒，洁白的是除虫菊。山顶上、山腰里，林木繁茂，鸟语花香，人文与自然完美结合。

摆依寨世代传承着彝家人的生产、生活方式，遵循着彝家人的风俗习惯，沿袭着彝家人的娱乐方法，只要你一走进寨子，浓厚的彝文化气息就会扑面而来。寨子里还有老年文艺表演队、女子舞龙队、花鼓舞表演队、大娱乐表演队、少年儿童文艺队。每当逢年过节、村社活动，各个年龄段的表演队就会竞相来到综合文体活动广场，吹唢呐，弹四弦，唱山歌，跳娱乐，使整个寨子沉浸在欢乐的海洋里。

每年农历腊月二十三，寨子里都要过小年。这一天，家家户户都会把家里最好吃的东西拿出来，全寨子老老小小聚在一起吃一顿小年饭。做这顿小年饭也有分工：女人煮饭，男人炒菜，姑娘洗碗，小伙抬菜。全寨子的人在共同忙碌中谈笑风生、在相互协作中增进感情。席间，姑娘们会自发组织起来，唱着欢快的敬酒歌，逐一向所有男女老少敬酒。酒过三巡，男人们三五成群聚到一起，划拳作乐，在欢声笑语中赶走一年的疲劳、积蓄来年的力量。敬酒歌不绝于耳，划拳声此起彼伏，一直闹到深夜，大家才会尽兴而归。

摆依寨的祭龙树，已有一百多年的树龄，但长得非常繁茂。每年祭龙节，全寨子都会聚集到祭龙树下，开展“咪嘎哈”活动，祈求当年风调雨顺、五谷丰登、六畜兴旺。“咪

嘎哈”活动开始时，先由德高望重的长者念诵祭文，接着供上猪、牛、羊等祭品，然后，穿着节日盛装的文艺表演队围着祭龙树进行花鼓舞、大娱乐、舞龙等表演。文艺表演既是祭祀活动的重要组成部分，也是舞者展身姿、观者饱眼福的美事。

“不长树的山不算山，不会绣花的女子不算彝家女。”在摆依寨，从七八十岁的老太婆到十一二岁的小姑娘，个个都会彝族刺绣。闲暇时，彝家女三五成群围坐在一起，相互传授刺绣技艺，一边谈笑风生，一边飞针走线，凭着简单的花针和灵巧的双手，将自己对美好爱情和幸福生活的向往一针一线绣进绚丽多彩、仪态万千的图案里。摆依寨妇女精湛的刺绣技艺，不仅在县内小有名气，而且还吸引了省里的专家。2013 年 12 月 31 日，峨山彝族自治县刺绣协会在摆依寨成立；2015 年摆依寨被评为“云南省十大刺绣名村”。

摆依寨始终传承着彝家人在生产劳动中相互帮助、在日常生活中互相照应的良好习惯。在日常生活中，大家相互交流、消除隔阂、增进感情。2013 年，凭借淳朴的民风、良好的村容村貌、深厚的彝文化底蕴，摆依寨迎来了建设省级民族团结示范村的良好机遇。

彝家汉子的热血已经沸腾，彝家姑娘的激情正在燃烧，相信在不久的将来，一个更加富裕、更加文明、更加和谐、更加美丽的摆依寨将展现在世人面前。

彝山睡美人——凄美的传说

她已经在这里静静地沉睡了万千年。也许她已经安然入眠，或者飞翔在自己美丽的梦境中；也许她还在静静地等候，倾听远方恋人的呼唤。

她活在神话里。她是可望而不可即的睡美人。

睡美人其实是塔甸境内的一座山峰，位于塔甸镇南部，因酷似美丽的睡美人而闻名遐迩。从塔甸坡往西南方向瞭望，睡美人的形象非常逼真，那巧夺天工的睡姿，真是大自然的造化。你看，她那脸蛋、额头、眼睛，哪一样不清楚；她那鼻子、嘴唇、下巴，哪一样不逼真；还有高耸的胸部、纤细的腰身，简直惟妙惟肖。

随着季节的变化，睡美人也会展现出不同的风姿。春天，在灿烂的阳光下，睡美人身披花衣、头戴花帽，百鸟在她身上的花丛中争鸣，鱼儿在她身旁的溪水里嬉戏；夏日，在烟雨绵绵中，睡美人在雨幕里若隐若现，仿佛正在沐浴更衣，若是雨过天晴，她还会换上崭新的绿装，展现在你眼前；秋天，在满眼的金色里，睡美人就会换下绿装，穿上秋意浓浓的金装，喜迎丰收的季节；寒冬，在雾霭沉沉的日子里，睡

美人就会裹紧洁白的棉袄，似睡非睡。

睡美人因神奇而美丽，因美丽而神化。

相传很久以前，彝族祖先阿普笃慕得知生活在这里的彝人正在遭受着豺狼、野猪、老鼠和跳蚤的侵扰，就派出一个名叫吉木拉巴的英雄来到这里帮助人们消灭已经妖化了的豺狼、野猪、老鼠和跳蚤。

吉木拉巴首先认识了一个名叫阿鲁阿依的姑娘，阿鲁阿依比吉木拉巴小四岁。认识不久，两人心心相印，成了一对恋人。

经过认真准备后，吉木拉巴决定首先向大山深处的狼窝进攻。为帮助心上人打败穷凶极恶的狼群，阿鲁阿依花了七天七夜，制作了一面以树木为身、羊皮为膜的鼓。向大山深处进发的那一天，男人们手握兵器，女人们身背木鼓。震天动地的鼓声吓得狼群四处逃窜，纷纷躲回窝里去。男人们便乘胜追击，将狼群围困在狼窝里，最后用乱箭射死。从此，狼患被解除，彝人的羊群越来越多。

狼群被消灭后，吉木拉巴又用挖陷阱的办法，消灭了野猪。

然而，人们还是过着忍饥挨饿的生活，因为粮食一收回来就被成群的老鼠吃光了。于是，吉木拉巴又马上决定向老鼠开战。老鼠个子虽小，但数量众多，又会打洞，吉木拉巴想了九天九夜都没想出对付老鼠的办法，阿鲁阿依为了帮助心上人消灭老鼠，就跑到山神那里去求助。山神送给了阿鲁阿依一只母猫。阿鲁阿依把母猫带回家后，生了很多小猫，大大小小的猫群经过九九八十一天夜以继日地抓捕，终于把所有的老鼠都吃光了。

豺狼、野猪和老鼠被消灭后，彝人们虽然过上了富足的日子，但因为每时每刻都有成群的跳蚤来叮咬，人们不但夜里睡不好觉，白天干不了活计，而且还疾病缠身。为了解除跳蚤的危害，阿鲁阿依历尽千难万险，到药师那里求得了一个药方。阿鲁阿依按照药师的嘱咐，从山上采来草药，放进锅里熬煮成汤，然后喷洒在每个人的衣服和床上。成群的跳蚤闻到药味后全都死去了。人们又重新过上了安居乐业的生活。

天魔看到这里的人又重新过上幸福的生活，非常生气，就用自己的身体挡住了太阳和月亮，使大地变成了一片黑暗。为了使人间重见天日，英雄吉木拉巴决定与天魔进行决斗。阿普笃慕得知吉木拉巴要与天魔决斗，就以托梦的方式，为他送来了天马和神斧。阿鲁阿依则高举着火把找到德高望重的毕摩求助，毕摩送给了她一只金鼓。

决战那天，阿鲁阿依站在山顶，使出挥身的力气擂鼓助

威。金鼓发出的声音，使天魔惊恐得瑟瑟发抖。吉木拉巴手提神斧，骑着天马冲了上去……大战三百个回合后还是分不出胜负，只好暂且退兵。天魔看到吉木拉巴引兵退去，高兴得张开血盆大口大笑起来。就在这时，吉木拉巴急中生智，纵马跳进天魔的嘴巴里，用神斧砍断了天魔的五脏六腑。可是呵，就在这时候，天魔的身体突然火山喷发似的爆炸，把体内的吉木拉巴也炸死了。看到心上人壮烈死去，阿鲁阿依号啕大哭，哭得山上的鸟儿也一起哀鸣，哭得水里的鱼儿也伤心落泪，一连哭了七七四十九天后，终于轰然倒下，变成了一座峰峦——这就是今天的睡美人。

天神听说了阿鲁阿依的故事后，被阿鲁阿依的忠贞和善良所感动，就把她的灵魂招到天上，封她做了花鼓女神。

为了纪念花鼓女神阿鲁阿依，生活在这片土地上的彝族人民，形成了跳花鼓舞的习俗。

绿汁江岸猴子有戏台

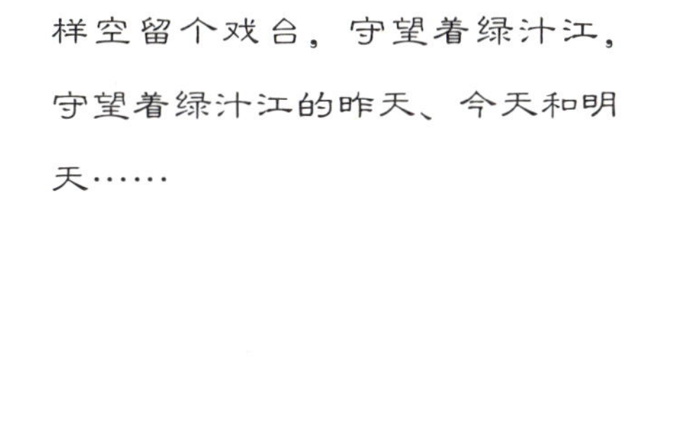

人类的远亲——猴子，是否也像我们一样，需要一个展示自我的舞台？那些小精灵们从何而来，如今又去往何方？难道就这样空留个戏台，守望着绿汁江，守望着绿汁江的昨天、今天和明天……

绿汁江岸有个猴子戏台。

盛夏的绿汁江畔，骄阳似火，凤凰花如期绽放。梯田层层叠叠，从江畔一直垒到山腰。绿油油的稻田，像一条绿色的彩带，舞动在彝山的田野上。

猴子戏台在石碑山崖，它被众多的山峦簇拥着，犹如鹤立鸡群、众星捧月；从江边的山脚仰望，高耸入云的石碑山，直插云霄。

沙租莫村的后山有一条通往猴子戏台的路。沙租莫村后面有两座尖峰，当地人起了个人性化的名字——姊妹山。通往猴子戏台的是一条崎岖的山路，丫勒村不通公路前，这是当地人走出山外的唯一通道。从远处看，褐红色的猴子戏台像一尊半身人面像，静静地守望着绿汁江、守望着两岸的黎民百姓。置身猴子戏台，视野开阔，景色独秀，一路奔腾咆

哮、蜿蜒曲折的绿汁江，尽收眼底。

猴子戏台，顾名思义，就是猴子唱歌跳舞的戏台。不过，现在已经很难看到猴子了，以前猴群在大石板上自由嬉戏的景观，只留存在人们的记忆之中了。据说，民国时期，县政府有位秘书到丫勒村督查工作，在看到对面的悬崖上成群的猴子欢聚在一起、相互嬉戏、其乐融融时，感动之余，就心血来潮取名为猴子戏台。从此，猴子戏台的名声，在全县各地传开了。

猴子戏台两边分布着硕大的石板，一块块石板像饭桌一样又平又宽。过去，丫勒人路过猴子戏台时，都喜欢以石块当沙发，躺在上面稍作休息。猴子戏台的正中还有一道石门，石门下方，是一道深沟，深沟如刀砍一般，两面齐整而平滑。传说，这一刀痕与古时候一位来自四川的将军有关。当时，石板村出了个英勇善战的将军，他奉命率兵攻打四川盆地时，四川统兵将军被打得大败。为了抵挡石板将军攻入天府之国，四川将军使出怪招，秘密潜入石板将军的家乡，察看风水地脉，结果发现猴子戏台就是石板将军家乡的地脉咽喉要害，于是，用神剑砍断了猴子戏台。

从猴子戏台下来，一路都是满目苍翠，一路都是清新空气。瞧，石在树中生，树在石中长，正如俗话说：一颗石头四两油。这里的一棵棵参天大树，不正是吮吸着石里的油，撑起了一片绿色山川吗？

沉睡在绿汁江岸的猴子戏台

人杰地灵

地因人灵，人因地杰。不是因为名人的缘故，我们才相信了影响；不是因为小鸟的啼唱，我们才拥有了森林。无论任何地方，青山绿水固然育人，但努力和奋斗才是根本。在这里列出的峨山名人，仅仅是少数几个，其他还有很多，他们代表着那些没有列出的名人。现在，他们都已经成了故人，但他们把奋斗精神留给了我们，他们是峨山各族人民的骄傲，他们是峨山各族人民永远的精神财富。声名远扬靠传颂，精神永垂而不朽。

聂耳与峨山彝族

聂耳身上流淌着彝族的血液吗？

彝族是个能歌善舞的民族，他们用高亢悠扬的山歌赞美生活，他们用优美动人的舞蹈迎来美好明天。伟大的人民音乐家聂耳，在他的成长过程中，还有不为人知的故事，那就是：聂耳与峨山彝族有着千丝万缕的关系。

人民音乐家聂耳，是中华人民共和国国歌《义勇军进行曲》的作曲者，大家都知道他是云南玉溪人，却很少有人知道他的身世与峨山彝族有着千丝万缕的关系。

聂耳四岁丧父，他和年少的三个哥哥，是母亲彭寂宽一手抚养长大的。

聂耳的母亲彭寂宽，出生在峨山彝族自治县的一个彝族山寨，年少的时候，就像彝族山区常见的少女一样，在日常生活中学会了许多彝族山歌小调，17 岁嫁给在玉溪的聂耳的父亲聂鸿仪之后，因为生活在汉族地方，歧视少数民族的现象比较突出，不敢轻易暴露自己的彝族身份，没有在公开场合唱过彝族的山歌和小调。聂耳的侄女聂丽华在回忆祖母彭寂宽的时候说：叔叔聂耳的音乐天赋，和我的祖母彭寂宽有着很大的关系，我祖母很能唱，她可以用曲调的形式把故事唱给我们听，我们从小就喜欢听祖母用唱曲调的形式讲故事，所以我认为叔叔聂耳从小就受到过我的祖母（彝族山歌小调）的影响，叔叔聂耳的音乐启蒙老师应该说就是他的母亲。

聂耳的侄女聂丽华一语道出了聂耳母亲彭寂宽具有良好的音乐基础。彝族民间音乐是自然传承的，就像漫山遍野的山花一样，一年四季都会争相绽放。

聂耳 9 岁那年，第一次和二哥、三哥一起，跟随母亲回到峨山县城外婆家探亲。当时，外婆曾领着酷爱音乐的小外孙聂耳到一位彝族老人普大爹家玩，这位彝族老人专门用四弦为小聂耳弹奏曲调动听、韵律优美的彝族山歌小调，这给少年聂耳留下了深刻的印象。

峨山是滇中地区彝族居住比较集中的地方。聂耳的母亲彭寂宽虽然出生在峨山县城，但聂耳的外祖母并不是县城人。聂耳的外祖母年少的时候是峨山县城一户陈姓地主家“名为养女，实为丫头”的姑娘。她是陈姓地主家的“丫头”，那么她出生在哪里呢？ 20 世纪 80 年代初期，峨山县城几个年逾八旬的老人回忆说，聂耳的外祖母没有裹足。在历史上，彝族女孩是不裹足的。老人还说，在他们七八岁的时候，经常听见聂耳外祖母跟别人讲彝话，不懂彝语的他们曾多次好奇而天真地打听过她的身世：“老奶奶，我们县城里的人都是汉族，你咋会说彝话？你是哪里人呀？”聂耳的外祖母回答说：“我家住在大河的那头。” “大河”就是从峨山县城西北方向绕城而过的猊江。“大河的那头”指的就是现在双江街道辖地高平彝族山区一带。居住在高平山区一带的二十余个村寨自古以来都是清一色的彝族，而且是远近闻名的彝族歌舞之乡。1921 年，聂耳的母亲彭寂宽领着二儿子聂守诚（字子明）、三儿子聂守先（字子仁，后改名为叙伦）、四儿子聂守信（字子义，乳名嘉祥，即聂耳）一起回到峨山探亲的时候，三个儿子看见外祖母时常用“土语”和别人说话。

这里所说的“土语”就是彝族语言。回到昆明家里后，聂耳和二哥、三哥都曾好奇地询问过母亲：外婆说的话为什么和我们的不一样？母亲彭寂宽告诉他们：这事不能随便跟外人讲，要严守秘密。聂耳的母亲当时产生这样一种心理是可以理解的，因为当时虽然已经是民国时代，但少数民族还是受人歧视，不敢在外面随意公开自己的民族身份。

2003年，曾经是聂耳外祖母家邻居的代为坤老人回忆，他家和聂耳外祖母家只隔一堵墙，两家都居住在大塘子边。代为坤少年时代经常听见绰号“酒鬼”的二铁匠，每当喝醉了酒，就指着三先生（聂耳的三舅）的媳妇“小白酒”说：你家婆婆是个倮倮人，你是倮倮的儿媳妇。“倮倮”是过去彝族没有正式族称的时候，当地汉人对彝人的称呼，“倮倮”这一称呼平常仅仅是彝族的代名词，但有时候也带有贬义。

以上事实说明，聂耳的外祖母是彝族，出生在峨山大河（猊江）那头的彝族山区，也就是现在高平山区的某个彝族村寨。她是在年少的时候因生活所迫或者其他什么原因，离开父母来到县城里的陈姓地主家当了实为“丫头”的养女。在封建时代，作为少数民族的彝族是受汉人歧视的，聂耳的母亲彭寂宽为了保护孩子们幼小的心灵不至于受到来自母亲是少数民族身份的歧视和心理压力，从来不曾明确地告诉过子女们他们的外祖母的真实身世以及民族成分。这在当时的社会历史背景下，聂耳母亲心理上产生这种思想是可以理解的，就是在领着三个儿子回到峨山娘家探亲时，面对孩子们提出外公、外婆为什么会说“土语”的时候，彭寂宽也只能明确地告诉孩子们，要严守外婆说“土语”的秘密。

从聂耳外祖母在日常生活中用彝语与别人交谈，并且在年老之后敢于告诉别人自己的娘家住在大河（猊江）的那头，还有“酒鬼”二铁匠说聂耳三舅母“小白酒”的婆婆是“倮倮”等等这些情况来分析，聂耳外祖母出生在双江街道的高平山区某个彝族寨子里是毫无疑问的，她与赶马帮的外地人彭寿山结婚前，是县城里陈姓地主家的“养女”（实际是“丫头”）。她在年轻的时候不愿说出自己的身世，很有可能其中隐藏着什么秘密，譬如忌讳自己是“倮倮”的身份，还有她那一双“天足”，而且她还会唱彝族的山歌、小调。聂耳三兄弟跟随母亲回到峨山探亲时，离开峨山的那一天早晨，外祖母还用彝家人祈祷一路平安的风俗，煮了几个鸡蛋装进了三个小外孙的口袋里。

聂耳的外祖母出生在峨山县高平山区的彝家山寨，从小吃苦耐劳、能歌善舞。彭寂宽作为她唯一的女儿，应该说从小得到了她更多的疼爱，也从她身上学会了彝族妇女心灵手巧、乐于助人、吃苦耐劳、不畏艰辛、意志坚强的优良品德。

聂耳身上流淌着彝族的血液，聂耳的音乐天才有来自彝族民间音乐的元素，聂耳是与峨山彝族有着千丝万缕关系的伟大的人民音乐家。

彝族文化的传承者——毕摩

彝族“毕摩”是彝族文化的传承者与发扬者，是彝族社会里不可多得的精神财富，他们并不神秘，他们身负着历史使命，只要你走近了他们、了解了他们的内心世界，你就会成为他们的朋友。

峨山境内的彝族有纳苏、聂苏、山苏三个支系，毕摩是彝族历史文化的继承者、传播者和发展者，是从古至今懂得彝族古老文字，通晓彝族传统风俗习惯的知识分子。毕摩在峨山彝语中称为“白马”或“呗玛”，“白、呗”汉语意为“念、诵”，“马、玛”汉语意为“年老、老年人”。在不同的历史时期，毕摩的社会分工和职能也有所不同。“六祖分支”后，彝族进入“兹”“莫”“呗”（即毕摩）共同执政，由“兹、莫、呗、格、郭、咋苏”6个阶层组成，以血缘关系为纽带，势力划分地域范围的早期政治制度。其职能分工为“君理朝政，臣司断案，毕事祭祀，格管技工，郭司贸易，百姓耕种”。毕摩相当于文职丞相，掌管文书往来，为君王出谋划策，主持宫廷礼仪、宗教祭祀活动等。

后来，彝族毕摩的地位逐渐下降，从统治阶层变成彝族宗教祭祀活动的专门主持者。毕摩懂得古彝文，掌握各种经文典籍，

有的还通晓天文地理、历算、医药，以及彝族的历史源流、传统道德、民风习俗等。毕摩的主要职能是主持丧葬祭祀、安灵、出殡仪式，也主持平时的祭祀活动，如招魂、祛邪、禳灾、驱鬼、治病、合婚、占卜等。毕摩的法器有篾笠、毡纱、经袋（篓）、法铃、卦签等。

彝族毕摩由男子担任，不脱离生产劳动，宗教祭祀活动不是他们固定的职业。师承是毕摩传袭的唯一方式，不出师不能主持任何宗教祭祀活动。毕摩收徒教习十分严格，一是优先从家庭或同一家族、家支中遴选出品行皆优、博闻强记、愿学彝文、有意从事毕摩职业的年轻人为继承者；二是也可以收本民族外姓拜师学艺者为徒传授。由于毕摩收徒教习十分严格，故能接受毕摩文化教育的人数相当有限，或一师带一二个徒弟，或一师带四五个徒弟不等。传授方法无定规，

祭祀开始前的毕摩

徒弟白天帮师父从事劳动生产、夜间习文，或带徒弟到祭祀诵经场合亲自传授。毕摩收徒教习虽然十分有限，但为彝族地区培养了不少通晓本民族历史文化、语言文字、传统道德和民风习俗的继承人，接受毕摩文化教育的成绩佼佼者，又承师衣钵，成为新一代毕摩。彝族社会生活中的丧葬祭祀、重要节庆、民俗活动仪式都必须由毕摩来主持，毕摩也就成了彝族社会生活中较有威信和影响的人物。

目前，峨山全县有彝族毕摩 18 人，每万彝族人口有 2.07 个毕摩。彝族毕摩分布情况是：双江街道 5 人，小街街道 1 人，甸中镇 2 人，塔甸镇 2 人，化念镇 3 人，岔河乡 3 人，富良棚乡 2 人。彝族毕摩年龄结构方面，30 周岁以下 1 人，31 ～ 40 周岁 3 人，41 ～ 50 周岁 5 人，51 ～ 60 周岁 2 人，61 岁以上 7 人。年龄最大的 85 岁，最小的 28 岁。彝族毕摩的汉语文化程度方面，大专文化 1 人，高中文化 1 人，初中及以下文化 16 人。就现有彝族毕摩的水平而言，18 人中拥有几卷至数十卷彝族古籍，懂得古彝文，通晓彝族传统道德、民风习俗，能主持彝族丧葬、重要节庆和日常民俗祭祀活动全过程的占一半左右。

民国上将范石生

范石生是峨山历史上唯一获得过上将军衔，曾被称为“军中有一范，顽敌心胆战”的职业军人。在清朝末年和民国初期中国社会烽火连天、军阀混战的历史时期，他凭着一腔热血，成为集传奇故事与赫赫战功于一身的人物。他是峨山人民的骄傲，也是值得我们永远铭记的楷模。

范石生是峨山历史上唯一获得过上将军衔，集传奇故事与赫赫战功于一身，曾被称为“军中有一范，顽敌心胆战”的军人。同时也是旧民主主义革命后期与新民主主义革命初期，在中国风起云涌的革命浪潮中，曾经叱咤风云的历史人物。

范石生，字小泉，号小翁，1887 年出生于峨山县小街街道办。在小街坝子里，有一座高不过百米的小孤山，名叫古城山，当年誉满小街坝子的乐育书院就在古城山上，而乐育书院的创始人正是范石生的祖父。每当整个小街坝子稻花飘香，或者满眼一片金黄色油菜花的时候，古城山就显得特别的俊秀和独立。

据说，范石生当年出生的时候，其母临产前还在古城山上劳作，生产之际来不及赶回家，只好在一块平坦的巨石上生下了他，故名“石生”。范石生自幼聪明好学，从小随父读书，又跟伯父兼习中医。1903 年考中秀才后不久就考入了云南省优级师范。在校期间，受教师影响，秘密加入了中国同盟会。师范毕业后，曾受聘到宁洱县（原普洱县）任高等小学校长。后经世交李鸿祥介绍，到云南新军蔡锷部任文书。1909 年考入云南陆军讲武堂，开始参与学生中推翻封建统治的秘密革命活动，并与同学朱德、邓泰中、杨蓁等人因志同道合而结为“金兰”之交。1911 年参加云南“重九”起义，在攻打云贵总督府的战斗中，表现勇敢而机智。在 1915 年底蔡锷、唐继尧两位将军组织护国军出师讨伐复辟帝制的袁世凯的战斗中，范石生屡立战功，被提升为炮兵团团长，接着委任为师参谋长。1921 年，已是少将身份的范石生随顾品珍回滇倒唐（继尧），随后被孙中山先生任命为北伐先遣司令，率部驻扎在滇、黔、桂边界地区。

1922 年陈炯明叛变革命，率部攻打广州，情况十分危急。范石生得报后立即亲率滇军其部驰援，终于击退陈炯明叛军。因范石生在此次保卫战中立下特殊战功，孙中山先生亲自题写“功在国家”四个大字和军刀一柄相赠，以表彰他的功绩。同时，广州国民政府大本营授予他陆军上将衔。之后，随滇军总指挥杨希闵东下，与桂、粤军配合收复广州，迎接孙中山先生返穗指挥。范石生升任直辖滇军第 3 师师长。1923 年，升任滇军第 2 军军长。

范石生

南昌起义前，范石生任国民政府第 16 军军长。1927 年，范部从广西平马调防广东韶关和湖南汝城、资兴一带。16 军辖 46、47 两个师。当时，蒋介石和范石生之间的矛盾因由来已久，已经公开化。蒋一向把滇军视作杂牌部队，范石生又向来看不起蒋介石，范任驻粤滇军第 2 军军长时，蒋还是粤军许崇智的参谋长。据说，在一次军事会议上，蒋即席要求发言，范当时以会场主席的身份，故意傲慢地当场羞辱了蒋，

大本營參謀處用箋

筱泉兄鑒迭閲凱唱嘉尚良深昨接廿日報告益悉轉旋戰局屢奏膚功情形為之忻慰此次林楊諸逆冀以沉舟破釜為孤注之一擲其謀既狡其勢亦凶我軍以一部之不臧幾誤全局賴兄果敢沉毅遂得轉敗為

大本營參謀處用箋

功軍中有一范頑敵心膽戰矣肅清潮梅分途並進所見甚是關于第二步肅清東江計畫已飭參謀處起草卓見所及望逕行函（會商）達為要逆軍重創之餘氣燄已餒正好乘勝長驅直搗巢穴望先查照廿日訓令激勵將士協竟全功是所至盼專復順頌勛祉

孫文

民國十二年十一月二十一日

孙中山给范石生的信

使蒋十分尴尬。故后来范石生不为蒋介石重视，西南桂系军阀和湖南军阀何键也在排挤范。所以南昌起义前，范的16军同共产党保持着秘密联系，其军内共产党组织亦受到范的重视和保护，范也有同共产党联合进驻广东之意。南昌起义部队南下由赣入粤时，范石生曾表示愿与起义军采取一致行动。起义部队南下前，周恩来就给朱德部写了组织介绍信，以备可能同范石生部发生联系时用。

南昌起义部队潮汕失利后，朱德率部于是年10月下旬辗转来到江西安远县的天心圩整训。这时，粤、桂军阀混战爆发，导致粤、赣、湘大小军阀都卷入了混战，南昌起义部队也因此得到了喘息的机会。此时，朱德想到了范石生。不久，范石生派出在16军工作的共产党员韦伯萃，来到上堡同朱德取得了联系，还带来了范石生希望双方合作的亲笔信。

朱、范两部经协商后，南昌起义部队暂用16军47师140团番号，朱德则化名王楷，并在范部任职。范部给起义

部队补充了弹药、冬装、棉被等装备，并给官兵拨发了两个月的薪饷。合作期间，起义部队以范部名义秘密开展革命活动，在朱德的帮助启发下，范的思想有了很大转变。不久，朱、范合作的事被告密，蒋介石下令范石生马上解除朱德部队的武装，并将朱德押解南京正法。范没有服从蒋介石的命令，他把这一消息告知了朱德，让朱德从容率部离去，还赠给朱德部几万元现洋作为路费。1929 年初，第 16 军被缩编为第 8 路军第 5 师，而后又改编为 51 师，范石生任师长兼襄樊警备司令。年底，51 师调驻襄阳。当时，贺龙、周逸群率领的红军在建立湘鄂西革命根据地后，向川、鄂交界地区发展。蒋介石命令范部前去围剿，范却只下令 152 旅尾随，并不与红军接触，以此应付蒋的命令。1932 年，范不愿再受蒋介石的气，提请辞职。1934 年获准寓居庐山。1937 年“七七”事变后回到故乡云南，在昆明行医为业，从此不再过问军事。

1939 年 3 月的一天，范石生在昆明出诊途中，被不明身份的人枪杀于街头，终年 52 岁。一代名将，不幸凋谢于阴谋小人之手。

范石生之墓

书家名臣周於礼

峨山历史上唯一出现过的“一门两进士”，就是清乾隆年间的周於礼及其长兄周於智。周於礼在京守官30年，官至大理寺少卿，得到过乾隆皇帝“一诚实、小心、谨慎人”的评价，实在难能可贵。周於礼不仅一生为官清廉，更是一生好学，博览群书，精于书法，工于诗文。

周於礼，字绥远，号立崖，峨山县双江街道人。出生于清康熙五十九年(1720年)。清乾隆十二年(1747年)中丁卯科举人，清乾隆十六年（1751年）中辛未科进士。因朝考名列前茅，考中即选为庶吉士，授翰林院编修。先后任职江南监察御史、鸿胪寺卿、通政司参议、太常寺少卿、大理寺少卿，为大理寺少卿8年。后因手腕疼痛难以执笔，请假到外地调治，治愈回京后，补为光禄寺少卿，不久又复任大理寺少卿。周於礼在京守官30年，曾“三主四川乡试，三充京同考官”。清乾隆四十四年（1779年）七月，病逝于京都，终年59岁。后次子周濬以同年仲冬月扶柩回到峨山，于次年葬县城西发克山之原。

周於礼在京为官期间，清正廉明，深得人心，曾得到乾隆皇帝“一诚实、小心、谨慎人”的评价。

❶ 周於礼老家木门窗

❷ 周於礼老家后院

皇清例封恭人　敕封
安人王氏墓誌銘
恭人王氏歸余三十二
年而歿于京師乾隆癸
巳六月廿一日酉時也
秋九月長子法將以其
喪歸葬先塋乃哭而銘
之俾納壙所嗚乎恭人
之來歸也奉舅姑者十
二年余宅憂佐喪葬事
者三年隨宦京師者十
七年蓋無一日而安於
心息於身焉嗚乎其死
宜矣恭人以壬戌冬歸
次年春余遊京師往來
齊魯閒歸而從師五華
徵名是急甘旨之養一
以委之而恭人終鮮兄
弟外舅存雖裁以大義
力奉舅姑而中有不能
解者吾母楊太恭人素
患羸疾唯恭人實左右
之與諸娣姒爭先作後
息太恭人寢食甘焉比
余以憂歸而恭人周旋
舅姑側外念老父心力
恙齊於十二年閒矣其
北來也宜休而勤操家
致鉅細必親縫紉洗滌
一如初余每誡之則曰
吾分也十七年餘布素
終日或勸之則曰姑教
也敢不率先子婦爲諸
子延師禮節維謹飲食
親檢視御藏獲有恩其
逮事者皆曰夫人佛也

周於礼一生尊老爱幼、聪明好学，尤其酷爱书法。科举及第后，在京繁忙的工作之余，每天抽出时间刻苦钻研书法艺术；他还精于书画鉴赏、富于收藏，是当时全国著名书法家之一。他的书法出自苏轼、米芾诸大家，自成一体，笔力雄健，潇洒自如，尤善行草，得苏、米之精髓，生前就有许多书家给予了很高的评价，也为后来书法评论家所称颂。峨山民间至今还流传着他年少时每天晨起必先练字，习以为常。他还是个两袖清风的好官，在京为官 30 年无余财，只把平生所书的《周氏诰封》《千字文》及其他一些得意之作，勾勒于石，由京都用驮马运回家乡。因为路途遥远、运资不敷，部分还散留在途中。这些石刻，不仅书法精美，刻工亦十分精良，为传世之佳品。周於礼曾取唐、宋、元、明几代著名书法家的墨迹，勾摹刻石，成《听雨楼法帖》10 卷和楷书《金刚经》1 部传世。

周於礼一生好学，博览群书，精于书法，工于诗文，文章亦简质淳古有法度，所著《敦彝堂集》和《听雨楼诗草》均为后人称颂。在《峨山名人遗著》（云南省图书馆收藏）一书中，收有其 125 首诗作。其手迹曾广为流传，被视为珍品，国家博物馆、国家图书馆均藏有他的书法作品。一些风景名胜古迹，也留有他亲自书写的部分匾额和对联，如通海秀山的涌金寺、清凉台、文化馆，昆明的圆通寺、华亭寺等处都保留着他书写的对联、横匾和字帖，且保存完好无损。可惜的是，在他的家乡峨山，除了一块书有“留槚园”三字

周於礼为妻王氏撰书的墓志铭（不全，青石雕刻，拓片制作）

❶ 清乾隆赠给周於礼祖父、祖母的诰命

❷ 周於礼的书法

的横匾（原挂于其故居后花园亭阁上）外，其余匾联均毁于地震和人为的“破四旧”及“文革”期间。

现在，周氏后人还珍藏着一幅周於礼楷书的“诰封锦绫”，为乾隆皇帝对其祖父周希旦、祖母张氏的诰封全文。此外，在周氏故居一龚姓家里，保存着一块楚石石刻，是周於礼楷书为其夫人王氏所写的墓志铭。当年乾隆皇帝对其整个家族的诰封全文，他在北京书写后，请匠人刻好，用马驮回了峨山，“诰封石刻”共 63 块，现收藏在峨山县文化馆内。

周於礼还是一个孝子，其父去世后，不远万里从京城赶回家乡，在其父墓地建庐，与三弟於和守墓。周於礼同时也是个非常恋乡的人，他虽然长期居官在外，仍时时心系故乡，七律《晚菘》便是他依恋故乡的真实写照：“寄将嘉种自滇云，秋晚依稀认故园。趁我余闲堪学灌，邀君并过好重论。转因饱食怀蔬米，莫以虚名误菜根。半亩就荒今几载，尚思清味薄鸡豚。”在《家信寄滇有作》中，更显出了呼之欲出的思乡之情：“七年边郡一空囊，万里书成少寄将。纸上殷勤齐劝诫，家中子弟远膏粱。对床风雨终留约，举案盐齑也费量。晚背秋灯悲襄训，好余清白问穹苍。”诗中深切地表达了他对故乡和亲人的思念和牵挂，从中也可看出其诗言简意赅、诗意盎然。

同盟会员杜韩甫

一个多世纪前，地处中国西南边疆的云南，有一群热血青年积极响应孙中山先生的号召，投入了推翻清王朝封建统治的革命斗争的洪流中。出身在峨山县一户贫寒家庭里的杜韩甫，就是其中之一。杜韩甫在腥风血雨的艰难岁月里，以铁骨铮铮的理想和信念，为我们留下了可歌可泣的光辉形象。

杜韩甫于1885年出生在峨山县双江街道，名钟琦，字韩甫，以字行世。杜韩甫幼年即失去父母，家境贫寒，由兄嫂抚养长大。1902年，因其聪慧灵敏，在好心的亲戚朋友资助下到昆明读私塾，两年后经河口海防东渡日本留学。1905年回国时，清政府正在全国范围内残酷镇压革命志士，因此韩甫不敢在广州等地久留，于1906年再次东渡日本留学，就读东京陆军东斌学校。其时，与同盟会员黄毓英友善，后经黄介绍，吕志伊主盟，加入中国同盟会，开始从事反对帝制、争取民族独立和解放的革命活动。

1908年夏，云南河口举行推翻清王朝起义，电达日本，吕志伊等在日本发起“云南独立会”，声援义军，到会者万余人，得捐款数千元。之后，同盟会派杜韩甫、黄毓英等三十多人回国参加革命，途中，他们改道前往新加坡谒见了孙中山先生。这是杜韩甫第一次见到孙中山先生。中山先生看到这些年轻的同盟会精英，非常高兴，和他们商定了秘密进入滇西活动的计划。他们由缅甸进入滇西，准备在永昌（今保山）起义。但由于条件不成熟，起义没有成功。清政府密探闻风追踪而至，情况十分危急。杜韩甫与黄毓英一路搀扶着因起义失败而满怀悲愤，又身患重病的杨振鸿潜入高黎贡山，逃避清政府密探的追捕。艰难行走在崎岖的山路上，杨振鸿病情不断恶化，最后壮志未酬，呕血而逝。

1909年春，在吕志伊的邀请下，杜韩甫至缅甸仰光治病，病愈后与黄毓英又秘密潜入滇西，与张文光、马幼伯、吴品芳等继续致力于推翻清王朝腐败统治的革命活动。这期间，滇西很多知名人士，在受到杜韩甫等人的宣传和影响下，加入了同盟会。

从1911年至1922年期间，杜韩甫先后参与了多次国内重大事件：云南举行“重九”起义时，大理、腾冲和永昌驻军，因消息隔绝，导致误会，引起冲突，吕志伊与蔡锷密商，派杜韩甫等力劝双方以民族大义为重，团结一心共同对敌。中华民国成立后，杜韩甫不居功自傲、不贪图名利，再次赴日本留学。在袁世凯篡夺革命果实、妄图复辟帝制之际，杜韩甫奉孙中山密令，回滇动员各方革命力量，为云南护国首义取得胜利做出了贡献。1914年夏，杜韩甫受孙中山之命在云南秘密组织中华革命党组织，并与马幼伯等人和三迤会长黄德润集资出版云南最早的《滇声报》《觉报》，积极宣传革命道理，并先后担任《滇声报》经理、经理长等职，直到护国军挺进四川时，杜韩甫才辞去经理长职务，随蔡锷将军率领的护国第一军入川。1919年从四川回滇后，杜韩甫出任昭通县知事，任职一年中，处处为民着想，刚正不阿，曾为9名受冤贫苦农民申冤并释放出狱。1920年粤军与桂军相持在惠州时，杜韩甫奉孙中山之命劝说李根源部，避免了两军流血相残。1922年，在陈炯明发动反革命武装叛变，围攻总统府，孙中山先生被迫退至永丰舰，情况十分危急之际，杜韩甫第三次受命于孙中山，在因病未能亲自前行督促滇军东下讨陈的情况下，写信给滇军将领范石生，传达中山

先生手令，尔后，范石生、张开儒以国家利益为重，立即率部东下，打败了叛军。

1925 年以后，杜韩甫还先后担任过国民革命军第 16 军政治部主任及驻韶关、广州办事处主任。1929 年，16 军改编为 51 师，任该师驻汉口办事处主任，并代表 51 师出席国民党第三次全国代表大会。

1933 年，杜韩甫辞职闲居上海，两年后的 1935 年 8 月 3 日，因旧疾突发，病逝于上海。杜韩甫辞世后，因一生为革命奔波在外，顾不了峨山的家人，又不曾留下一点积蓄，妻子和两个儿子的生活陷入了穷困潦倒之中。

杜韩甫的一生是革命的一生，他的生命虽然只有短暂的 50 年，但他为中国旧民主主义革命做出的贡献是不可磨灭的。

杜韩甫妻之墓（葬于柏锦村后山顶林中）

书画名家董贯之

董贯之，是中国社会动荡不安的20世纪初期从峨山这片蛮荒的土地上走出去的书画家，同时又是云南民俗学和民族研究的先行者之一。他自幼天资聪颖，一生酷爱绘画艺术，对国画山水人物有很高的造诣。就是在今天，我们还能从他留下来的美术作品中，感受到当时云南边疆一些少数民族的风俗习惯。

董一道，字贯之，号墨医，云南峨山双江街道人，清光绪七年（1881年）出身在一个贫寒的小知识分子家庭，他自幼天资聪颖，一生酷爱绘画艺术。他的启蒙老师晚清举人范宗浚（范石生将军的父亲）见他有美术资质，禀赋博雅超群，便将大女儿许配他为妻，并于宣统元年（1909年）送他考入浙江省级师范，得名师姜丹书和李叔同的传授培育。当时西画技法已传入中国，董贯之在此环境中学到了西洋画的人体素描、写生等技法，成为该校的高才生。1915年，李叔同将一些优秀绘画作品送去参加巴拿马万国博览会展出，董贯之的作品《关公水擒庞德图》获得最优等（一等）金质奖，从此董贯之名震海内外。

董贯之从浙江学成返滇，先后在昆明市福照街开设“贯之美术馆”，省内文人对其颇为敬重，众多美术爱好者也慕名前来求教。当时，新成立的云南省高等学校和省立农业学校，聘请他为图画教师。

董贯之精通中西各个画种，特别长于国画人物，他对当时欧美种族学很有兴趣，因此，吸取国外学者的研究方法，对云南境内的少数民族进行了大量调查。他不辞辛劳，先后走访滇西、滇南、滇东等许多少数民族聚居地区，实地调查、采访写生，绘制了各少数民族的风俗、衣着服饰钢笔画八十余幅，并参阅大量历史文献，悉心修改，历时两年余，编成画稿《古滇土人图志》两册。日本设在中国的保田洋行，数次派人访求，许重金购买全部画稿，但他不为金钱所动，均未允诺。1913 年，深知这些画稿价值的滇中名流、学者陈鹤亭、周静溪、周伯斋等，热心赞助，提倡付印。画稿于 1914 年刊行面世。正式印行的《古滇土人图志》刊载有我省少数民族服饰图 54 幅，风俗图 30 幅，对当时云南境内的一些少数民族的生产生活、民风民俗以及装束服饰都做了逼真、形

董贯之的国画

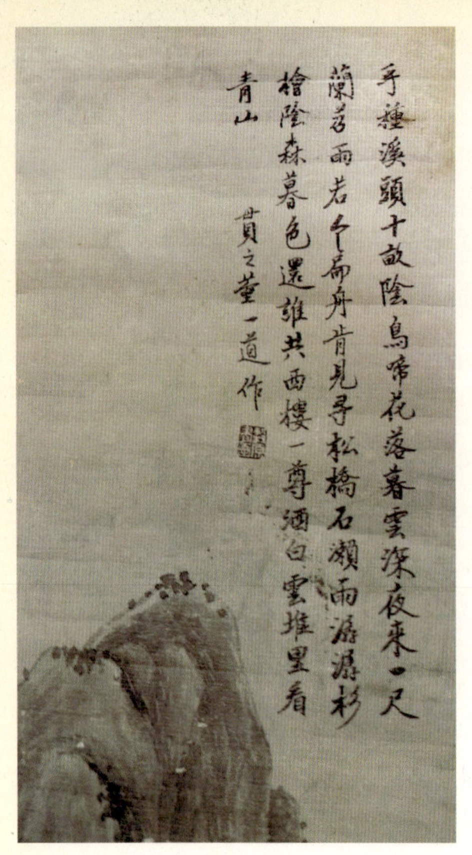

董贯之的国画

象、生动的描画，给后人留下了一份极为珍贵的图像和文字资料。

董贯之作为范石生将军的大姐夫，范在云南陆军讲武堂时的同学、同事，如鲁梓材、谭兆福等，亦常与之往来，彼此曾有诗相赠。护国战争胜利后，云南省政府特聘其为参谋处技士。当时的护国纪念馆设在昆明大南城近日楼上，董贯之绘了许多护国纪念图，均为大幅油画，其中最著名的有《开武亭誓师》《护国军师四川泸州纳溪会战图》。当时云南都督唐继尧、昆明市督办张维翰还亲临参观、予以赞扬。

董贯之不仅是一位书画家，又是云南民俗学和民族研究的先行者之一。特别是对国画中的山水和人物有很高的造诣。《中国美术家人名辞典》评价他：“尤工山水、人物，亦工西法，旁及漫画，靡不兼研精进”，并说“其写山水，以雄阔遒逸之笔势，深寓明暗向背远近透视之理，融和新旧，为启蒙时代滇画之先导”。

董贯之一生恬淡度日，到晚年生活还过得十分清苦，终至穷苦潦倒，正值盛年展才之期，去世于 1931 年，时年 50 岁。

沐雨栉风盛开的民族文学之花

文学之树永远穿越时空成长，文学之花永远沐雨栉风盛开。

文学是我们在黑暗中摸索前行的眼睛，是抚慰我们在苦难中挣扎的灵魂的阳光。文学又是一朵浪花、一片涛声、一股激流、一阵呐喊。半个多世纪以来，峨山老、中、青三代民族作者，在不同的工作和生活环境里，用不同形式的创作方法，一直在为繁荣和发展峨山民族文学事业努力着。

文学是人类精神世界的鲜花，当我们的思想被尘埃所蒙蔽，我们需要用文学的清泉来洗涤。文学是我们在黑暗中摸索前行的眼睛，是抚慰我们在苦难中挣扎的灵魂的阳光。文学又是一朵浪花、一片涛声、一股激流、一阵呐喊。

绽放在峨山这片红土地上的民族文学之花，犹如春风里满山遍野盛开的马缨花，正在灿烂着、怒放着。

然而，真正意义上的峨山民族文学创作现象，是在20世纪中期才出现的。如今，经过老、中、青三代作家的努力，峨山民族文学创作取得了骄人的成绩。在半个多世纪的时间里，居住生活在峨山这片热土上的各民族作家，先后出版了包括长篇小说、短篇小说、诗歌、儿童文学等在内的文学作品集28部，有十多位作者在三十多家省级以上报纸杂志发表了各类体裁的文学作品五百多篇（首），先后获得省级以上

创作会合影

奖励四十多次。

20 世纪 80 年代初期，随着中国新时期文学的复苏，峨山出现了一批酷爱文学的年轻人，他们当中绝大多数是彝族，并且主要集中在岔河文学社。岔河乡地处距县城北部 24 千米左右的一片崇山峻岭之中，几十个土生土长，年纪十七八岁的彝族青年在文学魔力的召唤下，萌动了文学之梦。当时，他们当中有人还是在校学生，有的初中毕业后刚升入“农业大学”学习。

他们不断地把自己认为最满意的习作寄到有限的几家报纸杂志编辑部。

他们不断地收到充满殷切期望的回信和退稿。

一两年间，他们的作品除了在有限的几家市、县级内部资料性报刊上发表外，还很难出现在一些有影响的报刊上。他们的作品虽然很不成熟，却基础不错、想象丰富、思维敏捷，而且，与 20 世纪六七十年代出现的那种模型似的文学创作方法截然不同。岔河文学社的成立，为分散在全乡各村寨的文学青年互相交流创作经验、畅谈创作得失、不时召开创作会议提供了方便。在一定程度上，为早出作品、早出人才，结交省、地、县文学知音创造了客观条件，也为提高峨山民族文学创作水平打下了基础。后来，社员逐步遍及全县各乡镇，有的社员甚至从外县慕名前来参加。与此同时，几位文学创作基础较好的彝族青年作者，创作积极性更加高昂，他们的作品也先后出现在了一些有影响的报刊上，而且作品质量也有了明显提高。从 1985 年文学社成立至 1990 年，先后有 32 人次在县级报刊发表作品，25 人次在市级报刊发表作品，5 人次在省级以上报刊发表作品。在这段时间里，岔河文学社社员的创作活动无意间充当着全县业余文学创作的主流，他们的作品也较以前成熟了很多。无形中，岔河文学社的声望与影响冲出了峨山，在玉溪文学界引起了一定的重视。

现在，当年的岔河文学社社员当中，有 1 人加入了中国作家协会，有两人加入了云南省作家协会，有 8 人加入了玉溪市作家协会，二十多个社员至今还在文学创作这条崎岖的“山路”上孜孜不倦地攀登着。

岔河文学社社员出版的部分作品

岔河文学社是峨山民族文学创作繁荣与发展的必然产物，它是在特定的历史条件下出现的，它的出现，给峨山民族文学带来了新的生机，给广大的峨山彝族作者带来了新的希望。一提起岔河文学社，我们就会想起它的创始人之一李长明先生，虽然长明先生早在1992年就不幸去世，但他留给我们的精神力量和音容笑貌，永远不会随着时间的消逝而磨灭。据长明先生去世之后统计，他在十余年间的创作生涯中，先后发表了短篇小说19篇，散文26篇，大小剧本6个，还有尚未发表出来的作品34篇。这些作品数目不算多，艺术质量也一般，然而，对于一个仅为初小毕业的彝族青年作者来说，经过不懈的努力，创作出这么多作品，已经非常难能可贵。更值得一提的是，长明先生创作的彝剧《荞花又开》，自1986年由当时的峨山县文工队编排演出后，获得了巨大的成功，被认为从剧本、音乐、表演、舞台美术等方面都向戏曲化迈出了可喜的一步。《荞花又开》因此荣获全国第二届少数民族剧本创作“团结奖”。

现在，峨山民族文学创作已进入一个崭新的发展阶段，全县拥有2个中国作家协会会员，4个云南省作家协会会员，而且他们都是彝族。峨山老、中、青三代民族作者们，在不同的工作和生活环境里，用不同形式的创作方法，正在为繁荣和发展峨山民族文学事业而努力着。

彝族智者普丕

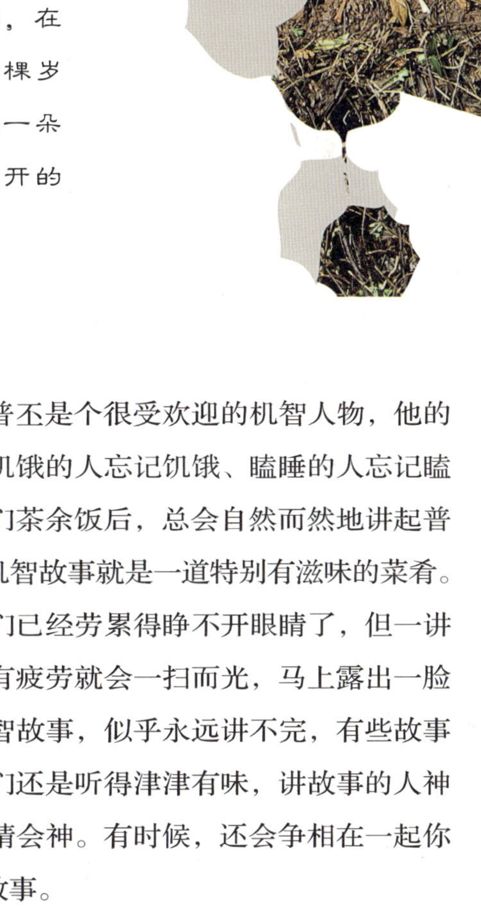

就像阳光雨露哺育万物成长，民间故事和神话传说是人类精神的寄托。

普丕的故事也一样，在峨山彝族民间，它是一棵岁月无法风化的树，它是一朵在时间的长河里永恒盛开的浪花。

在峨山彝族地区，普丕是个很受欢迎的机智人物，他的机智故事，甚至可以让饥饿的人忘记饥饿、瞌睡的人忘记瞌睡。在彝族山寨里，人们茶余饭后，总会自然而然地讲起普丕的故事，好像普丕的机智故事就是一道特别有滋味的菜肴。哪怕是在农忙季节，人们已经劳累得睁不开眼睛了，但一讲起普丕的机智故事，所有疲劳就会一扫而光，马上露出一脸兴奋的表情。普丕的机智故事，似乎永远讲不完，有些故事哪怕重复了上百次，人们还是听得津津有味，讲故事的人神采飞扬，听故事的人聚精会神。有时候，还会争相在一起你一句、我一句讲完一个故事。

普丕出生在150多年前，峨山县岔河乡槽子河上游的中正村就是他的出生地。据说，普丕从小命苦，不但家庭非常贫困，而且自幼死了父亲，母亲又因此哭瞎了眼睛，是从小跟随母亲乞讨长大的。后来，母亲不幸生病去世，普丕不得不到当地一户财主家做了长工。他的那些令人拍案叫绝的机智故事，就是在财主家做长工的时候发生的。

碧波荡漾的槽子河水，哺育了普丕聪明善良的心；苍茫巍峨的彝山，开阔了普丕坦荡无私的胸怀。

普丕虽然出生在多灾多难的穷苦人家，但他从小机智灵活，又善于体察社会、体察人生，并且能够把自己感悟出来的聪明才智应用到现实生活当中，这可以从他流传给我们的故事里反映出来。不妨举个例子。

有一天，普丕跟着财主到十千米外的甸中赶集。来到集市上，刻薄小气的财主刚从马背上跳下来，就不顾普丕一路为他牵马跋山涉水所受的劳累，心里打起了小算盘，装腔作势地提醒普丕说："普丕，我要去办事了，你在这里好好看着我的马，甸中人很狡猾，大人、小孩都诡计多端，他们甚至会把你的眼珠子都换掉。我走后，你要特别小心。"说完，走到集市的另一边，钻进一家饭馆里独自喝起了小酒。其实普丕一眼就看穿了财主的鬼把戏，心里很生气，马上想出了一招整治财主的办法。就在财主离开一会儿后，普丕把财主的马牵到畜牧市场卖掉了，然后回到原地，把半截割断的缰绳紧握在手里，蹲在地上，闭目养神。过了一会儿，酒足饭饱的财主回来了，一眼看见普丕握着半截马缰绳闭着眼睛蹲在地上，心爱的马却不见了。财主气急败坏地大叫起来："普丕，你瞎了眼吗？我的马呢？"普丕仍然闭着眼睛，抖抖手里的马缰绳说："老爷，马我牵着呢。"财主暴跳如雷地说："你牵着个屁，马都被人偷走了。"直到这时候，普丕才猛然睁开眼睛，非常吃惊地说："妈呀，马真的被人偷走了。"财主大声指责说："我叫你好好看着马，你闭着眼睛干什么？"普丕假装出一副委屈的样子说："老爷，你冤枉我啦，你不是说甸中的大人、小孩都会换眼珠子吗，我哪里敢睁开眼睛啊。"自知理亏的财主，哑巴吃黄连，有苦说不出。

普丕一生给我们留下了五十多个幽默而机智的故事，这些充满

普丕墓

浓郁乡土气息和彝族风味的故事，是普丕聪明智慧的结晶，也是彝族人民在长期的生产生活中积累起来的宝贵精神财富。普丕的故事，20 世纪 80 年代后期，由当时的岔河文学社收集整理了 35 则，作为《峨山民间文学集成》的一部分出版发行。

普丕去世后，人们把他安葬在了中正村后面那条绿树成荫的山梁上。

彝家“花木兰”铭都嫫车布

彝家“花木兰”铭都嫫车布替弟从军的真实故事，在峨山家喻户晓、妇孺皆知。铭都嫫车布出生在高平彝族山区一个彝名为“阿科依”（汉名落泉）的山寨里。一个年轻的女孩，在那个特殊的年代，替弟从军，征战疆场，她不是“花木兰”，但她胜似“花木兰”。她留给我们的不仅仅是口头上的传说，更多的反映了封建社会残酷无情的一面。

在峨山这片古老神奇的土地上，神话传说、民间故事犹如灿烂的繁星，活灵活现地流传在苍茫群山深处的彝家山寨。其中，彝家“花木兰”铭都嫫车布替弟从军的真实故事，更是家喻户晓、妇孺皆知。

彝家“花木兰”铭都嫫车布，1865 年出生在峨山县高平彝族山区一个彝名为“阿科依”（汉名落泉）的山寨里。铭都嫫车布是个从小聪明伶俐、美丽俊秀、勤劳善良、体格健壮的好姑娘，因父母体弱多病，唯一的弟弟年幼无知，长到七八岁的时候，就担负起了操持家庭的重任，白天在田地里劳作，早晚在家里忙活。阳光下，烈日炎炎，她那小小的身影在山风中犹如一片飘来飘去的叶子，每天，汗水浸湿后的单薄衣裳，回家后还要洗好晾干，第二天再穿。即便如此，当着父母和弟弟的面，她从来不曾喊过一声苦、叫过一声累。

彝家姑娘铭都嫫车布替弟从军的故事，发生在距今 130 多年前。

那是清王朝光绪十年（1884 年），法国殖民者挑起了中法战争，因清政府的软弱、妥协，导致中国在这场战争中不战而败，并与之签订了丧权辱国的《中法会议简明条款》。然而法国侵略者并不满足，进一步侵略我国边疆和沿海地区，因而激起了全国人民的义愤，各路清军及时征招将士奋起反击。在这场战争中，祖祖辈辈居住生活在云南境内的多数少数民族都参加了发生在云南边境地区的抵抗法国侵略者的战争。

当时，因守卫云南边境地区的清政府军队比较少，地方政府在面对法国侵略者大规模入侵边境地区的紧急情况下，用强制手断向没有钱财贿赂官府，家中又有男丁的贫困人家摊派征招作战军人。铭都嫫车布一家因为有父亲和弟弟，也被官府列入了征招对象。虽经多次苦陈父亲体弱多病、弟弟年仅 15 岁，但官府无动于衷，甚至威胁最少得有一个男丁参加出征，如若再不服从命令，将马上采取强制措施。经过几天几夜的反复思考，铭都嫫车布最后做出了女扮男装替弟从军的决定。这在当时的彝族山寨，简直是闻所未闻的举动，因此，她的这一决定不仅没有获得家人的同意，还受到了全寨子人的一致反对。

然而，又有谁能够帮助解决铭都嫫车布一家所面临的迫在眉睫的难题呢？

就这样，彝家姑娘铭都嫫车布经过一番精心打扮后，女扮男装前往边境地区参加了抵抗法国侵略者的战争。这一年，铭都嫫车布刚满 18 岁。从此以后，铭都嫫车布就像中国古代传说中替父从征的花木兰一样，替弟从军，远离家乡，辗转征战在云南边疆地区的崇山峻岭中。后来，因她智勇双全、屡立战功，当上了副将军。可想而知，作为女儿身，在清一色男子的队伍里，铭都嫫车布在征战期间，吃了多少苦，受

了多少罪。

出征 13 年后，彝家女英雄铭都嫫车布终于回到了家乡。回到家乡后，她把一切荣华富贵视为浮尘，从此不再离开家乡一步。

因为回到家乡时，铭都嫫车布年已 31 岁，而且曾女扮男装出征作战，所以回到家乡后，她终身未嫁，后来终老病逝在彝家山寨阿科依。乡亲们为她举行了隆重的葬礼，并把她安葬在了山寨背后的铭义自克山上。

铭都嫫车布去世后，虽然没有留下后代，但是，当地的彝族人民感念她替弟出征的恩德和不怕牺牲、勇猛作战的精神，每年清明时节，都会自觉自愿地集体上山扫墓祭祀，而且把她的故事一代代流传了下来。现在，她出征作战时穿戴过的铠甲和头盔，作为永久的纪念，保存在峨山县文化馆里。

头 盔

彝家“花木兰”铭都嫫车布，是峨山彝族人民永远的骄傲。

不愿出嫁的姑娘

美女是花朵，美女是常开不谢的花朵。

峨山彝族美女“玛贺念”，就是这样一朵日夜绽放在彝族人民怀念中的花朵。玛贺念不仅属于传说，还是彝山大地上用梦想和思念凝结而成的美的化身。

一个拥有美丽传说的民族，本身就是美丽传说的选择。

玛贺念的故事主要流传在滇中彝族地区，“玛贺念”三个字为彝族纳苏支系的语言，汉语意为“不愿出嫁的姑娘”。玛贺念在历史上真实存在过，她的家乡就在峨山县富良棚乡一个彝名“扎拉黑”的山寨，扎拉黑山寨坐落在距县城 60 千米外的一片密林里。

自古以来，彝族人民崇尚真善美、向往美好未来。

大凡神话传说遍地开花的地方，都与祖祖辈辈居住在那里的人们生活环境和风俗习惯有着千丝万缕的关系。扎拉黑山寨就有这样的特点，如果有那么一天，当你怀着对一个凄美的传说故事进行一番深入了解的心情，来到“扎拉黑”山寨的时候，你就会感觉到，这里真的是个应该产生传说故事的地方。群山环绕的山寨，到处盛开着大小不一、颜色各异的野花，一眼望去，冬暖夏凉的土掌房一排排、一层层，仿

佛人间仙境般展现在眼前。山寨对面的梯田里，流水潺潺，水面上波光粼粼，偶有一两个牧人牵着牛悠然自得地徜徉在田野里。

这恰似一幅充满自然韵味的活生生的古典图画。

玛贺念的传说故事，就发生在这个带有些许神秘色彩的地方。

玛贺念的传说故事，主要叙述一个神秘老者以乞讨人的身份，带着拯救芸芸众生的使命，来到一个正在遭受着严重旱灾，名叫“阿则带”的彝族山区。然后，对一家三口不露声色的考验后，化身为龙公子，定居在鲁矣则寨子对面橄榄树下的岩洞里。从此，岩洞里涌出一股巨大的水，拯救了正在遭受着严重旱灾的阿则带地区彝族同胞。那个岩洞就是现在的大龙潭。当时，距离鲁矣则寨子十千米外的扎拉黑寨子里，有个年方二八的彝族姑娘玛贺念。玛贺念长得貌若天仙，是周围十里八寨的小伙子们夜思日想的姑娘。玛贺念是一对人到中年的彝族夫妻的宝贝女儿。有一天，玛贺念和伙伴们前往鲁矣则寨子赶集，因为天气炎热，口渴难受，姑娘们一起到龙潭口喝水时，玛贺念被化身为人形的龙公子看上。之后，玛贺念神秘怀孕，10个月后生下龙儿。龙儿长大后，神勇无比，许多神秘的现象都出现在他身上，在神仙的帮助下，他首先得到了一匹日行千里的神龙马，可以在海面上自然行走，可以在一天内从省城

玛贺念墓

往返。可是，祸不单行，福无双至。龙儿在与500里外临安城里的姑娘“阿们妮念”相爱的过程中，发生了一系列神奇的故事，最后与神龙马一起淹死在了一个名叫“迭此”的大海里。阿们妮念知道龙儿已死，也跳海自杀身亡。龙儿和恋人阿们妮念先后死去后，神秘莫测的毕摩才道出了原因：大龙潭里的黄龙抢先娶走了玛贺念，迭此海里的黑龙因此怀恨在心，阴谋制造了一场悲剧。结果，玛贺念因龙儿去世而忧伤过度，不久也去世了，死后化身为一棵青松。

玛贺念是个勤劳智慧、美丽善良的彝家女，她的传说故事虽然带有神话色彩，但这是因为彝族人民怀念她而在一代代的流传过程中不断美化的结果。

风光无限的扎拉黑山寨

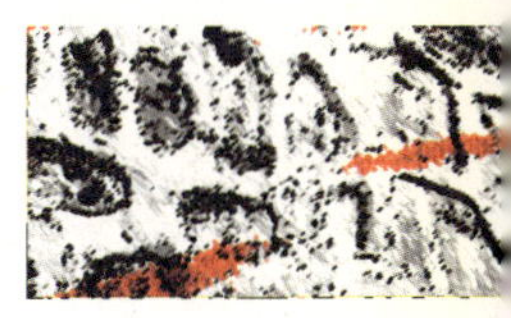

花鼓峨山

舞的世界，花的海洋，火的民族。承载着祖先阿普笃慕的衣钵，彝族先民们高举着熊熊燃烧的火把，从远古的石器时代走来，丢掉石块，紧握利斧，走出岩洞，住进温暖的土掌房；放下羊鞭，烧开大地，用血汗和泪水，在滇中大地播撒希望的种子。从此，生命在这里孕育、萌芽，茁壮成长；贫瘠的嶍峨大地渐渐充满生机，美丽富饶；多姿多彩的彝文化之花四处绽放，绚丽多彩。花鼓舞起来，山歌唱起来，用我们的勤劳浇开这片土地，用我们的深情唱出彝乡新生活……

来吧，和山一般的彝族汉子一起欢歌，和水一样的彝家姑娘一起共舞。穿上节日盛装，吹响震天长号，敲起锣鼓，拨动四弦，让我们随声而唱、踏歌而舞。无论是迎亲调、敬酒歌，还是彝族四腔，都会让你感受到浓浓的彝家深情；无论是花鼓舞、大娱乐，还是烟盒舞，都能使你体味到彝乡燃烧的激情……

美妙彝族花鼓舞

龙飞凤舞，锣鼓喧天。在彝族花鼓舞之乡峨山，从最偏远的山寨到最繁华的县城，从最热闹的节庆活动到最普通的婚丧嫁娶，无论走到哪里，你都能看到花鼓舞表演的热闹场景。承载着厚重文化底蕴的彝族花鼓舞，如今已成为彝家生活密不可分的一部分。看吧，热闹精彩的彝族花鼓舞表演又开始了……

“村村寨寨花鼓声，一天不跳脚杆痒。”中国彝族花鼓舞之乡峨山，全县553个自然村，花鼓队多达一千余支。茶余饭后，闲暇时间，逢年过节，婚丧嫁娶，都能目睹花鼓舞表演的精彩场景。

特别是一年一度的彝族火把节，在县城大街小巷进行盛大的花鼓舞巡街表演，总能引来最拥挤的人群、最热情的观众、最灿烂的笑容。各村各寨挑选出来的花鼓队员，在大街上排成长龙，一边奋力击鼓，一边随着整齐而震天的鼓声边唱边跳，边跳边舞，缓缓行进。整个队伍前不见首、后不见尾，蔚为壮观。

火把节期间举行的花鼓舞大赛，看点则更多。大赛不但有本县各乡镇和街道办的代表队参加，而且还吸引了本市其他县区，省内外多个彝族自治县的代表队来参赛，成为全国各地彝族花鼓舞爱好者的一大盛会。不同风格、各具特色的彝族花鼓舞代表队相继登台亮相，舞步翩翩、鼓声阵阵、气氛热烈、精彩纷呈。此时，名次

弹响四弦迎宾客

已不再重要，相互学习、互相切磋、取长补短、共同进步，成为各个参赛队真正的目的。每年花鼓舞大赛，都会有很多年轻、优秀的选手崭露头角，都会有很多全新的动作套路竞相出炉，让人眼花缭乱、目不暇接。花鼓舞比赛，成了峨山县传承、创新、发展彝族花鼓舞的一种有效手段。

五年一次的县庆活动，则是充分展示峨山彝族花鼓舞艺术魅力的大好时机。数千名演员同台表演彝族花鼓舞，场面壮观，气势宏伟，堪称一绝。那地动山摇的舞步，那震耳欲聋的鼓声，那排山倒海的气势，都会让每一个观者为之倾倒、为之震撼；那整齐的动作，那翩翩的舞姿，花鼓与舞者的完美结合，使每一个观者为之惊叹、折服。

最值得一提的还是中国彝族花鼓舞艺术节。由于峨山是中国彝族花鼓舞之乡，历届中国彝族花鼓舞艺术节都在峨山举办。艺术节期间，全国各地的彝族群众纷纷选派自己的代表队，到峨山来参加活动。四面八方的彝族花鼓舞爱好者聚拢来，相互学习、互相切磋，共同推动彝族花鼓舞艺术的繁荣发展。此时，不同地域、不同口音的彝族同胞，真就成了一家人。

峨山彝族花鼓舞历史悠久，家喻户晓的花鼓女神阿鲁阿依的传说就是最好的佐证。传说，很久以前，有一位聪明善良、能歌善舞的彝家姑娘阿鲁阿依。在一次洗瓦罐时，无意间拍打了一下罐口，发出“咚咚”的声音，觉得很好听。第二天上山砍柴，见到一段空心的树桩头，有心的阿鲁阿依便把树桩头带回家中，蒙上羊皮，用木棍一敲，发出悦耳动听的“咚咚”声，她便踏脚而敲、随声而舞。从此，彝家人就有了自己的鼓和“者波必”（跳花鼓舞）的历史。并且，鼓声响

花鼓舞

处，猛兽不敢近前，鬼神远离。据说，阿鲁阿依后来被召到天上，做了花鼓女神。现在，为了纪念阿鲁阿依，村村寨寨还保留着在民事房内摆放其牌位的习俗。每年第一次跳花鼓舞前，人们都会举行念诵祭鼓经和杀鸡滴血献花鼓女神的仪式，祈求村寨平安、人畜兴旺。

在长期的传承和发展过程中，彝族人民把宗教信仰、祖先文化、民族性格、民族心理，以及对社会和自然的感悟、对审美的追求与创造等融入花鼓舞中，使其成为彝文化的一个综合载体。彝族祭鼓经《罗思则兜者波代》就是将彝族文化融入花鼓舞中的一个实例。《罗思则兜者波代》描述了彝族祖先阿普笃慕经历洪水漫天的浩劫后，开疆辟土创立彝族世界的故事，其内容主要包含“笃慕祭拜鼓”“笃慕翻山越岭鼓”“笃慕扎寨鼓”“笃慕保寨鼓”“笃慕开山种田鼓”“笃慕丰收鼓”等，是一部以鼓为舞的彝文化典籍。现今彝族花鼓舞中的“罗思则兜”“指路舞”“割荞舞”“鬼跳脚”“拜

四方”等许多套路动作与祭鼓经中的叙说完全吻合。

如今，经过长期的传承和发展，彝族花鼓舞已经成为峨山县的标志性舞蹈。全县广大彝族女性，从十一二岁的小学生到五六十岁的老大娘，个个都会跳花鼓舞。而彝族男子当中会跳花鼓舞的也不少，省级民族民间舞蹈艺人、彝族花鼓舞传承人柳学光就是其中的一个典型代表。峨山彝族花鼓舞日益繁盛，在全国乃至世界的影响力与日俱增。1999 年，峨山彝族花鼓舞跳进了北京、跳到了国庆大典上。2006 年 5 月，“彝族花鼓舞”被列入云南省非物质文化遗产保护名录，峨山被命名为“彝族花鼓舞之乡”。2011 年 11 月，峨山被文化部命名为“中国民族民间文化艺术（彝族花鼓舞）之乡”。

花鼓舞大赛

心动彝族烟盒舞

随手摘来一片树叶，彝家汉子就能吹奏出一首首动听的山歌；随便燃起一堆篝火，彝家姑娘就会跳起欢快奔放的民族舞。你可千万别小看这小小的烟盒，它一旦来到姑娘小伙们的手里，它就不再是烟盒，它就成了彝家人精彩动听的舞蹈和音乐……

盛夏时节，酷暑笼罩着小街街道乐德旧村。然而，炙热的烈日抵挡不住乐德旧人跳烟盒舞的脚步。这不，乐德旧村中老年娱乐队队员们又手持烟盒，到古老的万年青树下，跳起了热烈、欢快、奔放的彝族烟盒舞。小小烟盒发出的优美旋律，划破了七寨河晴朗的天空。

烟盒舞是峨山彝族聂苏支系的一种群众性民间舞蹈，因舞蹈时每人两手各持一个竹制烟盒弹跳而得名。烟盒舞不知流传了多少年，只知道清代和民国年间达到了鼎盛。烟盒舞包括正弦和杂弦两部分，先跳正弦，后跳杂弦，舞蹈动作由登步、过堂步、蹲步剪子口三种动作组合，因而，烟盒舞又称跳弦。乐德旧原来是一个彝族村寨，后来在不断的民族演化和民族融合中，作为区分民族的标志性特征——语言，发生了变化。如今，大多数乐德旧人不会讲彝话，但彝族烟盒

舞，仍然陪伴着他们的生活。

“正月正月什么花，正月正月无花采……” 这首烟盒舞名叫《月月什么花》，是一首歌颂大自然的舞蹈，跳时，舞者向上举起双手，状如丹凤点头；弯弯勾脚，形似花蕾绽放；穿花时，扭身形如鳝鱼打洞。体现出烟盒舞源于自然，源于日常生产、生活的特征，反映了乐德旧人热爱自然、崇尚美好生活的美好愿望。相传，彝族先民为了获取猎物，常常披着兽皮混到兽群中，久而久之，这种模仿野兽的动作渐渐发展成为舞蹈。如今，这种模仿动物的烟盒舞动作还很常见，这也是烟盒舞魅力持久的原因之一。

据说，起初烟盒舞并没有道具，舞者以拍手统一节奏。后来，有人用装黄烟的烟盒弹着玩，声音悦耳动听，于是，人们就用弹烟盒代替了拍手。

表演烟盒舞时，娱乐队走到哪儿，从小热爱烟盒舞的孩子们也跟随到哪儿。在长辈的影响下，孩子们都学会了许多模仿动物的动作，这也许是彝族烟盒舞代代相传的秘密所在。

现在，由于各部门的高度重视，烟盒舞在峨山县农村和学校都得到了较快普及，并且，文艺部门根据烟盒舞创作的舞蹈也屡屡在全国获奖，《烟盒胡琴调》就是其中最好的代表。

烟盒舞

彝族山歌有四腔

在高高的高鲁山上，比山风更好听的声音是溪流，比溪流更好听的声音是虫鸣，比虫鸣更好听的声音是鸟啼。而当彝家人唱起四腔，风不再吹，水不再流，虫不再鸣，鸟不再啼，一切都静静地聆听着悠扬动听的彝族山歌……

流传于峨山境内的彝族四腔，是与彝族聂苏青年男女传统社交和谈情说爱活动紧密相连的民间套曲形式，它与通海里山的五山腔、建水的山药腔、石屏的海菜腔齐名，于2013年被列入云南省非物质文化遗产保护名录。

顾名思义，彝族四腔有四个唱腔。四个唱腔轮流反复吟唱，唱词内容则根据实际需要灵活应对。一般来讲，众人先抽腔向对方表明“我们来到了”，然后，众人随主唱伴腔回应对方。悠扬动听的彝族四腔，声调低沉时像七寨河潮落，声调高亢时又像七寨河水涨。由于四腔具有篇幅长、结构严谨、曲调深沉、演唱技巧较高等特点，不是所有人都能唱。过去，小街街道乐德旧一带的农村，如果小伙子看上了哪个姑娘，又不便直言，就对姑娘唱调子：“鲜花山，鲜花山，鲜花山上栽牡丹，我心想牡丹讨一朵，花高我矮够不着。”

彝族四腔传承人李成刚、苏琼花、彭美连向老艺人学习四腔

姑娘听后心知肚明，便回唱："漂亮的哥哥妹瞧着，心中不敢说，怕哥瞧不着，既然亲哥瞧得着，派个媒人快来说。"

彝族四腔传承人李成刚是峨山县最好的彝族歌手，他曾在中国西部民歌（花儿）歌手邀请赛上获得过金奖。

画在灵魂里的彝族刺绣

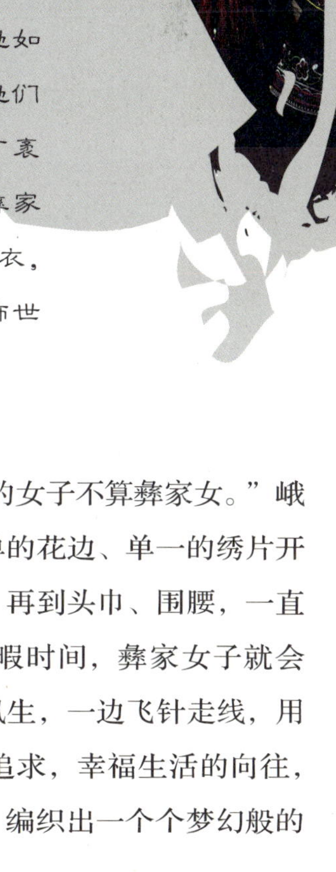

绣出自然之声，织出心灵之美。

倘若在风光秀丽的高鲁山，巍峨高耸的大西山，看到盛装打扮、衣带飘飘、彩蝶飞舞、鸟雀萦绕的女子，千万不要以为是仙女下凡，那是我们美丽的彝家姑娘。彝家姑娘美，不仅美在她窈窕的身姿、美丽的容颜，而且美在她如水的心灵、纤细的双手，更美在从她们指间一针一线中织出的神秘莫测、广袤无垠的世界。世世代代勤劳善良的彝家姑娘靠自己灵巧的双手，绣出满身花衣，穿出美好生活，演绎出梦幻般的服饰世界……

"不长树的山不算山，不会绣花的女子不算彝家女。"峨山彝族女孩子自幼学习刺绣，从简单的花边、单一的绣片开始学起，慢慢学习绣制手帕、鞋垫，再到头巾、围腰，一直学到绣制节日盛装、婚嫁礼服。闲暇时间，彝家女子就会三五成群地围坐在一起，一边谈笑风生，一边飞针走线，用灵巧的双手，将自己对美好爱情的追求，幸福生活的向往，绣进绚丽多彩、仪态万千的图案中，编织出一个个梦幻般的世界。

峨山彝绣发源于三国时期，至今已有1700多年的历史。

在这漫长的历史进程中，勤劳智慧的峨山彝家女通过代代相传，不断发展、创新刺绣技艺，创制出纳苏堆绣、聂苏挑绣、山苏平绣、花腰贴绣等多种技法，以及长短针、套针、打籽针、拱针、三角针、辫针、倒针等十余种针法，形成了独具特色的峨山彝绣风格。峨山彝绣纹像丰富多样，有人物动态图案，有虎、龙、凤凰等崇拜物及与生产生活密切相关的动物图案，有以根、茎、叶、花、果为内容的植物图案，有日、月、天、地、水、火等自然图案，还有文字、符号、图腾等抽象图案和菱形、方形、八角形等几何图案。不同的图案代表不同的含义，不同的图案有不同的美感。绣品色彩艳丽、图案精美，将彝家女子的聪慧美丽和彝族文化的绚丽多彩展现得淋漓尽致。产品类型包括彝族服饰、钱包、枕头、挎包、背裳、桌布和各种饰品，涵盖了彝族生活的方方面面，具有很高的实用价值、观赏价值和收藏价值。

峨山彝族绣品工艺流程相对复杂，包括选布、裱袼褙、裁剪、绘画（剪纸）、刺绣、拼接等环节。选布是制作彝族绣品的第一个环节，峨山彝绣原来用棉麻土布，现在，绣布主要从市面上采购。第二个环节叫裱袼褙。即把选择好的棉布用糨糊一层一层地粘贴在一起，粘贴的厚度根据所要绣制的鞋垫、喜鹊帽、围腰芯等产品的不同而有所区别，然后晾晒成布板（俗称“袼褙”），这个环节不是每一种绣品都需要做，绣女根据绣制产品的需要来取舍。第三个环节是裁剪。即根据不同的产品需求，将选好的绣布或裱好的袼褙进行裁剪，做成彝族刺绣的半成品。第四个环节是绘画或剪纸。即根据绣品的需要和个人的审美情趣在绣布上绘制刺绣图案，彝族聂苏（花腰）绣女则用牛皮纸剪好花样图案，再将剪好的花饰用糨糊粘贴在要绣制的布条上。第五个环节就是刺绣。即在已绘制好的图案或已粘贴好的剪纸花样上，挑选彩色绣花线进行刺绣，这道工艺中色彩搭配得当与否及刺绣技艺好坏是一件绣品成败的关键。第六个环节叫拼接。即将绣好的半成品按照一定的顺序拼接或再加工成所要绣制的产品。至此，一件精美的绣品就完成了。

耐心传授刺绣手艺

过去，峨山彝族群众的生活只能达到自给自足，妇女常年在田间地头劳作，没有多少时间进行刺绣，绣出来的物件也往往是为了满足日常生活的需要，大多由自己或家人使用。新中国成立后，特别是改革开放以来，随着社会经济的不断发展，彝族群众的生活水平不断提高，绣品的种类也开始丰富多彩。于是，彝族刺绣业迅速发展起来，涌现出了省级刺绣大师肖会玉、李莲英、李绍萍等一大批刺绣能手。这些刺绣能手技法精湛、风格各异，引领峨山彝绣走上了一条多元化的发展道路。

2013 年，峨山彝族自治县刺绣协会在双江街道摆依寨村民小组成立。云南民族传统刺绣传承人、云南民族传统刺绣研发中心主任、云南工艺美术行业协会副秘书长廖力耕被聘请为名誉会长，廖力耕还在摆依寨村民小组设立了彝族刺绣工作室。这对进一步凝聚传统彝族刺绣艺人的力量、提高刺绣技艺、引导彝族绣女开发具有民族特色和现代审美价值的刺绣产品、传承民族文化、打造刺绣品牌、增加刺绣收入、促进刺绣产业的发展将起到积极的推动作用。2014 年，峨山县成立彝绣龙头企业——峨山慧玉彝文化传播有限公司，形成了“公司 + 协会 + 基地 + 大师 + 绣娘”的发展模式，迈出了产业化发展的坚实步伐。

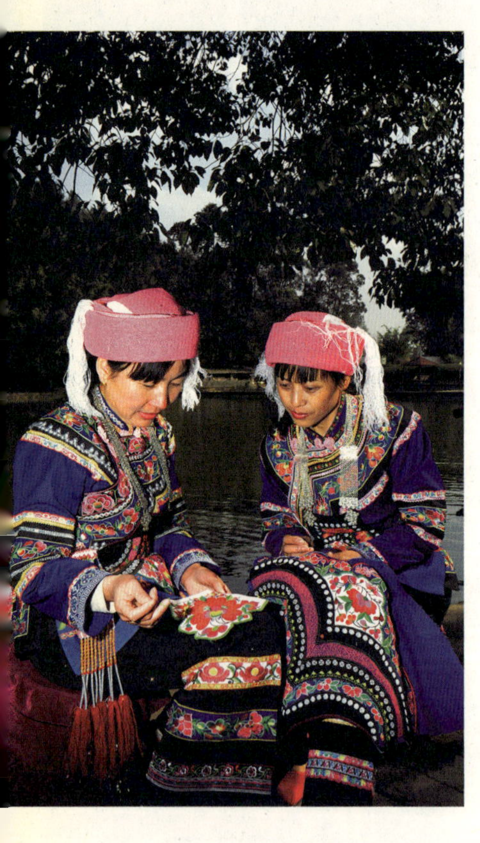

在机绣产业迅猛发展、手工刺绣日渐消失的今天，峨山彝族手工刺绣却一枝独秀，正向世人述说着一个古老民族的悠悠历史。

巧夺天工的彝族服饰

灿若朝霞，艳如彩蝶，彝族姑娘把美诠释在服饰中、把美穿在身上。在浩瀚的服饰海洋中，彝族服饰一枝独秀，它是一幅画，它是一首歌，它是一道亮丽的风景线……

大千世界，美的东西数不胜数，有的美让你叹为观止，有的美使你流连忘返，有的美令你赏心悦目。而峨山彝家姑娘的美却穿在身上。那灿若云霞、犹如彩蝶纷飞的彝族妇女服饰，以它鲜明的特色构成了一道美丽的乡村风景，把勤劳朴实的彝家妇女打扮得婀娜多姿，格外引人注目。无论是莺飞草长的牧场、青翠欲滴的山林，还是绿油油的稻田里、欢腾的篝火边，你都可以目睹彝家姑娘身着美丽的服饰生活、劳作的画面。

峨山彝族有纳苏、聂苏、山苏三个支系，经过千百年不断的辗转迁徙，在各地不同的自然环境和不同的生产力发展水平中，形成了各具特色的服饰体系，彝族服饰于2009年被列入云南省非物质文化遗产保护名录。

彝族各支系男子的服饰基本相同，都是用自制的土布缝

制，以黑色为主，缀以银饰品。男子的衣服，以圆领短袖褂子居多，通常是黑、青、白做底色的对襟褂，用数十枚银币做衣扣，内衣为布疙瘩纽扣，大多绣上花鸟鱼虫、飞禽走兽，代表吉祥。夏天，大多彝族男子只穿一件褂子，解开扣子，露出黝黑结实的胸膛，彰显出彝家汉子大山一样的情怀。男孩子穿的裤子，当地人叫“扭裆裤”，没有拉链、裤扣，也不系腰带，裤腰宽大，叠起来别进腰里，满山满坡地跑，裤子也不会掉下来。在夏季的劳作之余，男孩子们最喜欢到山溪里、小河边嬉戏玩耍，解开“打折处”，整条裤子就滑落下来，方便实用。彝族中、老年男子，最喜欢的衣服莫过于羊皮褂子。有彝族歌谣为证：“羊皮衣衫小领褂，不是人穷地方兴。”山羊宰杀后，用剥下的完整的羊皮风干制成，穿在身上，冬暖夏凉。穿羊皮褂子时，头上的白毛巾包头改换成帽檐高翘的黑包头，以示成熟男子的稳重与深沉。

与男子相比，彝家女子的衣服要复杂许多。彝族纳苏妇女以七彩衬衣做底，外穿刺绣精美的圆领外衣，衣裤的领口、袖口、脚边

❶❷ 彝族支系纳苏妇女服饰

均绣满花边，布疙瘩纽扣，耳戴银耳环，腕戴银镯，指戴戒指，胸前佩戴花围腰，既美丽动人，又端庄典雅。纳苏妇女的头饰种类繁多，有形似鸡冠的“鸡冠帽”，用几十种不同花色的布料、彩线绣花拼凑而成，并镶嵌有上百颗大小银泡，银光闪闪；有状如喜鹊的绣花“喜鹊帽”，帽顶做空，四周用五彩丝线绣花，前沿和后边钉上玉石小佛头，帽尖缀一银泡，帽尾翘起，黑白相间；有酷似铜罐的“铜罐帽”，先将发辫盘于头顶用黑纱帕包好，再用黑布做成的方形头帕盖顶，置花纹于前额，状如古代铜罐；还有“绕子”头饰，先把长发编成辫子盘于头顶，再用白色、粉色的特制包头巾对齐发际层层叠叠缠绕在头顶，其中一侧耳际垂下一个巾角，丝丝缕缕的白色巾穗衬着姑娘们灿烂的笑脸，有一种说不出的美丽。“花围腰”也是纳苏妇女服饰的一大看点，围腰式样为“凸”字形，以青蓝布为底，白布做心，用五色丝线绣上各种花卉、禽鸟、昆虫或龙凤等图案，构思精巧。尤其是穿挂

❸ 彝族支系山苏妇女服饰

❹ 彝族支系聂苏妇女服饰

在脖颈上的“梅花围腰链”，由状如梅花的小银扣连接而成，配以银耳勺、小银簪、长银棱等饰物。身后打结，坠下绣着花草图案的飘带。系上花围腰，不但保暖护腰，而且充分衬托出彝家妇女健美的身材。走起路来，飘带随风舞动，银饰闪闪发亮，环佩叮当作响，再加上姑娘脸上浅浅的笑靥，恍若仙女下凡，好看得让人挪不开眼。

精心挑选

聂苏妇女服饰则以花腰彝服饰为最。花腰彝服饰由头饰、长褂、小褂、腰带、围带、兜肚、黑裤和绣花鞋，以及饰物烟包、手帕、银饰等组成。花腰彝火红的盛装彩服由古代武士的箭服、盔甲服演变而来，故有人称之为“铠甲服”，当地人则谓之“花口绳塔”， 意为“满身都是花”。花腰姑娘耳戴大耳环，上身着青色长衣夹袖衫，外罩开襟褂，腰系花腰带；下穿青布宽口过膝裤，裤口配以花边，脚穿绣花鞋。整套衣服中以头饰和腰饰最为醒目，头部多以巾、帽、大股彩色的绒线或银泡为装饰，以大马缨花为主图，四周绣有花边。头巾、衣袖、坎肩、背部和裤脚等显眼的部位都绣有马缨花、杜鹃花、山茶花等变形图案，帽檐和肩峰处还扎有银、铜、钢丝为柄的花缨，走起路来左右晃动，如彩蝶飞舞。在长衫尾片等处还配有红白粗线绣成的火焰图案，以示彝族是个崇尚火的民族。坎肩上绣有齿形的圆形太阳图案，背部饰有五色条布合成、绣有各种花纹图案的彩虹带，表示太阳普照四方。整套衣服色彩对比强烈，多以黑、翠布料为底，朱红等暖色调丝线刺绣，彰显出花腰彝妇女热情奔放、开朗豪爽的性格。花腰彝妇女很讲究服饰色彩、款式与年龄的匹配，不同年龄的人用不同的色彩相配。女童帽上绣有精美图案并配银饰花缨，希望孩子同花朵一样茁壮成长与漂亮。青年妇女讲究艳装，红头巾、红坎肩、红腰带，象征如马缨花一样艳丽。老年妇女的衣料则以深色丝绸为主，并配上银饰品，表示晚年幸福安康。

山苏妇女服饰与纳苏妇女服饰相近，只是比纳苏妇女服饰简单一些，多以藏青色和黑色布料缝制。衣服分内外两件，外衣无领，袖短且宽大，内衣立矮领，袖短及腰，外衣襟边袖口多镶绣各种色彩的精美花边，两衣叠穿，形成大袖罩小袖状，显露出多层花边图案。

美在时空里的
绣花鞋

文化盛宴火把节

走了阿妹，留下阿哥的传说；远了阿哥，带走阿妹的神话。月光下，有恋歌；火塘边，有琴鸣。看着你不累，想着你太累。

在这片充满诗意的土地上，到处盛开着神话传说。

吹响震天的长号，点燃熊熊的火把……阿哥来了，阿妹来了，远方的客人来了。燃烧的火把节，燃烧的彝乡，燃烧的青春，燃烧的激情。太阳醉了，月亮醉了……

彝族火把节素有东方狂欢节的美誉，是彝族民间最盛大、最隆重的节日。要体验彝文化，要品尝彝家美味，要寻觅彝族帅哥，要观赏彝家美女，火把节是难得的好机会。

传说，很久以前，天神嫉妒人间的幸福生活，向大地撒下无数蝗虫。蝗虫啃食庄稼、噬咬草木，田地变成废墟，森林变成荒漠，人们面临着饥寒交迫、濒临灭绝的危险。这时，勇敢的彝族英雄黑体拉巴想出用火消灭蝗虫的办法，他率领大家砍来树枝，点燃火把，日夜不停地在田间地头捕烧蝗虫。经过三天三夜的艰苦奋战，蝗虫全部被消灭，人们又重新过上了幸福的生活。后来，为纪念这段难忘的日子，彝族人民形成了在每年农历六月二十四日过火把节的习俗。

火把节那天晚上，各村各寨的彝族群众便挥舞着熊熊燃烧的火把，成群结队地在山乡的田野里游动，驱赶灾祸和妖魔，祈求风调雨顺。漫山遍野的火把交相辉映，颇为壮观。此外，人们还会按照惯例聚集到一处约定俗成的地方，参加丰富多彩的节庆活动。过去，峨山的彝族群众主要集中在两个地方过火把节，一处是与新平、双柏交界的大西山，另一处则是与红塔区、晋宁县交界的高鲁山。白天，人们从四面八方聚拢来，参加祭拜、摔跤、斗牛等活动，内容精彩，气氛热烈。夜晚，则燃起熊熊的篝火，开展对山歌、跳大娱乐等活动，歌声悠扬，动人心弦。

火把节又是彝族青年男女约会、谈情说爱的地方。节日期间，姑娘、小伙们或成群结队地围着篝火跳大娱乐，或三五成群地坐在篝火边弹四弦、对山歌，尽情歌舞，彻夜不息。若是找到了意中人，姑娘小伙们便会成双成对地离开篝火，钻到密林深处，窃窃私语，谈情说爱。值得一提的是，斗牛比赛中的优胜者和摔跤能手，往往成为姑娘们竞相追求的对象。

如今，随着时代的发展和社会的进步，人们的精神文化生活越来越丰富，对彝文化的挖掘、传承、创新、发扬意识越来越强烈，火把节庆祝活动的主阵地也从大山之巅转移到了峨山县城。活动内容包罗万象，表演项目丰富多彩。火把节已经成为峨山县最隆重、最盛大、最富有民族特色的节日，成为弘扬民族文化、促进对外开放、开展经贸活动和各族人民大团结的盛会。

火把节点燃的火种，须从大西神山火坛，通过钻木取火方式取得。每年农历六月二十四日一大早，人们便穿上节日的盛装，成群结队地来到大西神山火坛，做好各种准备，等待钻木取火。吉时一到，锣鼓喧天，长号、唢呐齐鸣，身着盛装的彝族毕摩一边不断地念诵《取火经》，一边围着火坛

中央的神石跳取火舞，早已等候在神石顶上的取火者把特制的钻木取火工具放在神石中央的木盒里，使出全力不停地转动。各村各寨的文艺表演队也跳起花鼓舞，挝起大娱乐，为取火者加油助威。《取火经》念了一遍又一遍，大娱乐跳了一圈又一圈，但火种似乎迟迟不愿意到来。然而，取火者毫不灰心，他一刻不停地转动着手里的取火工具，呼吸急促，挥汗如雨。

当神石顶冒起第一缕青烟，便预示着火种已经取得，取火者赶忙小心翼翼地呵护着，用火种点燃第一根火把。火把点燃后，取火者站在神石顶上，将火把高高举起，人们欢呼雀跃、顶礼膜拜。这时，倘若从神石下面往上看，火把还真像是从天而降呢。多年来，大西神山火坛都有一个神秘现象，本来天空中还下着淅淅沥沥的雨，吉时一到，立马云开雾散、晴空万里。这个神秘现象，就连峨山最德高望重的毕摩，也无法解释。

火种取得后，浩浩荡荡的取火队伍簇拥着火把，念着《取火经》，一路向县城传递，火种传到哪里，哪里就变成欢乐的海洋。每到一个乡镇，人们都会敲锣打鼓、夹道欢迎，杀鸡宰羊摆宴庆贺。一路上，各乡、各镇、各村、各寨派来取火的人们络绎不绝，前来取火者疾步如飞，取得火种后离去的人兴高采烈。当夜幕降临，在取火队伍的呵护下传送了一整天的火种终于传递到县城。

吉时一到，成千上万的彝家儿女便欢呼着、雀跃着，用从大西神山火坛经钻木取火得来的火种点燃位于县城民族团结广场的主火把，点燃位于县城其他地方及各乡、各镇、各村、各寨的火把，嶍峨大地一下子被大大小小的火把照得通亮。这时，每一个彝族汉子、每一位彝家姑娘的心也都被点燃了，他们弹起四弦，吹起唢呐，敲起锣鼓，围着火把跳起欢快的大娱乐，激情飞扬。此时，火把节已不再专属于彝族，

来自全国各地，甚至海外的成千上万宾客也与当地群众手拉手、肩并肩，把主火把围了一圈一圈又一圈，伴随着跳动的火焰、伴随着优美的四弦声载歌载舞、尽情狂欢，把火把节推向了一个欢乐祥和、热情洋溢的高潮。

随着主火把的熊熊燃烧，随着欢快的大娱乐舞步的跳跃，一阵阵响亮的爆竹声在县城上空响起，无数焰火在天空中绽放开来，把夜空点缀得美丽而多彩。天上绽放着美丽的焰火，地上绽放着无数惊讶而欢乐的笑脸，欢呼声、赞叹声此起彼伏，整个县城沉浸在一片欢乐的海洋中。跳动的火把、热情的舞步、优美的身姿、动听的歌喉，以及来来往往喧闹的人群，高空里绚丽多彩的礼花，构成了一幅火的盛世画卷，将一个火热的东方狂欢节淋漓尽致地展现在世人面前。

主客点燃不息的火把

每年火把节，成千上万来自全国各地的彝族同胞都要到阿普笃

慕文化园参加祭祖仪式。首先，进行祭拜，供上猪、鸡、羊，还有五谷杂粮、水果等祭品。接着，由彝族毕摩念诵经文，追忆祖先阿普笃慕，表达感恩和崇敬之情。然后，大家高举火把，围着阿普笃慕铜像绕三圈，以示怀念。仪式结束后，彝族群众便络绎不绝地在阿普笃慕铜像前面烧香，祭拜阿普笃慕。

火把节期间，各乡、各镇、各村、各寨的彝族群众纷纷组织文艺表演队，在县城进行沿街表演和定点表演，全面展示丰富多彩的彝族文化。塔甸的女子花鼓舞、岔河的男子花鼓舞、富良棚的彝族舞龙、小街的花腰彝大娱乐、甸中的彝族武艺等等，都是不错的看点，引得无数行人驻足观看、赞不绝口。整个县城锣鼓喧天、热闹非凡，充满了喜庆气氛。

“啊们腊·妣萨啦”选美比赛，是每年火把节期间举行的

群众篝火大娱乐狂欢活动

一项重要活动。赛时，来自各村、各寨，经过精心打扮的参赛选手相继亮相，参加身材展示、民族服饰走秀、民族文艺表演等各个环节的角逐，不但展示了彝家姑娘最美丽的一面，而且也为火把节增添了一道亮丽的风景线。姑娘们经过激烈角逐和评委们精心挑选，最终获得第一名的姑娘将被命名为“马缨花”，这不仅是姑娘的重大荣誉，而且也是所属村寨的一大喜事。

峨山是彝族花鼓舞之乡，每年火把节都要举行彝族花鼓舞大赛。彝族花鼓舞大赛不但有本县各乡镇的代表队参加，而且还吸引了玉溪市其他县区和省内外多个彝族自治县的代表队前来参赛，成为全国各地彝族花鼓舞爱好者的一大盛事。

民族民间山歌赛是火把节期间的又一看点。届时，全县各村、各寨长年在山旮旯里、绿水塘边，用歌声、四弦、树叶和竹笛描绘劳动和生活的姑娘、小伙们齐聚县城，拿出各自的看家本领，演唱柔情抒怀的彝家山歌，展开激烈角逐。

此外，在县城还举行大娱乐比赛、民族体育比赛、彝族服饰及土特产品展销、民间文艺团体文艺演出等活动；在高香万亩生态茶文化旅游度假区，开展观云海日出、赏自然风光、游客采茶赛、茶园寻宝、制茶师表演、篝火捍啰等活动；在天子山温泉度假村，开展登天子山、观太极图、赏田园风光、水上娱乐等活动。

中镇传统火把塔

它穿越时空来到我们面前，它见证历史告诉我们古今。在槽子河流域几个世纪的沧桑变化中，它因火而生、与火相伴。中镇传统火把塔，目睹了彝族先民从昨天到今天的每一个艰难步履。

如果说槽子河流域那些充满诗情画意的村名代表着这个地方深厚的文化积淀，那么，曾经耸立于槽子河畔，中镇村民小组东面火把山上的古代彝族火文化遗址——岔河乡中镇传统火把塔，无疑是槽子河流域一道亮丽的人文景观，是祖先遗留的一笔宝贵的精神财富。中镇传统火把塔、普丕故事、富有诗情画意和深厚的文化积淀的槽子河流域村名，构成了槽子河流域三大历史文化品牌，它们涵盖了槽子河流域乃至整个彝族地区的人文精华。

然而，历史总是故弄玄虚，将许多无法破译的密码留给后人。火把，作为彝族人民的精神象征，深深根植在世世代代彝族人民的心中。遥远的古代，祖先们深居山洞，火把是他们驱寒逐兽的武器。后来，先人们有了能够遮风挡雨的土掌房，为了延续火，创造了火塘，并且安放在堂屋里。每到

燃烧在历史里的火把塔

农历六月二十四，彝族先民便倾巢而出，点燃松明火把，载歌载舞，欢聚一堂，欢度火把节。岔河乡中镇传统火把塔，无疑是先民敬仰火、崇尚火而修建的建筑。由于没有文字记载，中镇传统火把塔对后人而言，永远是斯芬克斯之谜。甚至无法查证出它真实的修建年代。据现在健在的中镇村民小组高龄老人李汝强回忆，中镇传统火把塔是附近村子的村民每年火把节打火把的地方。传统火把塔由石头镶嵌而成，外观形状像农村量米的“升”，“升”的顶部有一个石葫芦，整座塔高近三米。中镇传统火把塔在“破四旧”时被生产队社员撬毁，塔上的石块，被村民挑到集体的晒场上，用来修砌晒场石脚。1985 年重修火把塔时，村民们又把传统火把塔上的石头，重新从晒场上取出来，安放在火把塔上。

1984 年，村民纷纷提议重新修筑火把塔。在村领导和德高望重的老者带领下，社员纷纷捐款，出义务工修复了火把塔。修复后的火把塔，改变了传统火把塔的格局，由原来的台式改成塔式，并按螺旋形上升。塔分两层，从底部北面，拾级而上，便到第一层；从那儿再往左旋转，便上二层。由于火把塔所处的火把山坐北朝南，和槽子河流向相同，除北坡被后山遮蔽，其他方向都视野开阔。特别是往南方向，不仅能看到太极图般的槽子河河谷，顺着河谷还可远眺高平垭口、他达铁矿和总果后山上的瞭望台。可惜的是由于修复时太过仓促，加上地基不稳，没几年火把塔就垮塌了。

垮塌后的中镇火把塔，变成一堆破砖烂瓦，覆盖在传统火把塔的塔基上。

龙腾鼓跃开新街

没有什么比彝家美酒更能表达情意，没有什么比彝家歌舞更能令人欢欣鼓舞，没有什么比彝族服饰更加耀眼夺目，没有什么比山地油菜花更加绚烂多姿。来吧，在新年的第一个街子天，让我们融入彝乡中，感受浓浓的春意，体味浓浓的热情……

开新街，彝语称为“哩夕哩”，流传于峨山县塔甸、富良棚、大龙潭、岔河、甸中一带，节期定在每年春节后的第一个赶集日。开新街节到来时，十里八乡的彝族群众穿着节日的盛装，吹响过山号，耍起龙灯，跳起花鼓舞，从各个寨子汇集到街子上，参加巡街表演、祭龙祭鼓等活动，祈求当年风调雨顺、五谷丰登、六畜兴旺。同时，来自本地和外地的商贩们一个接一个在街道边摆开摊位，各种各样的商品应有尽有；摊位旁、阁楼里、房顶上，人头攒动、欢声笑语，有的采购所需物品，有的品尝特色美食，有的观看文艺表演。这，就是彝家开新街的生动场景。

这一天，有舞龙、舞狮、花鼓舞、猫猫舞、蚌壳舞、彝族武艺、杂耍等表演，还举办彝族花鼓舞比赛、大娱乐比赛、山歌比赛、彝族服饰展销、焰火晚会等各具特色的文化活动。同时，集市交易异常活跃，各种土特产品琳琅满目，特色小吃别有滋味。

迎宾美酒，甘甜。开新街这天一大早，如花似玉的彝家姑娘就穿着节日的盛装，带着美酒和酒杯，成群结队地走出街子数里外，到宾客必经的大道旁来迎接。每当看到姑娘们在漫山遍野金黄色的油菜花丛中举目远眺、焦急张望的情景，你就会真真切切地感受到彝家人期盼客人到来的火热心情。若有宾客风尘仆仆地远道而来，姑娘们就会热情地将其拦下，唱着欢快的敬酒歌，请客人喝上满满一杯彝家美酒。接过香味扑鼻的彝家美酒，看着盛装打扮的彝家姑娘如山花般绽放的笑脸，听着悦耳动听的彝家敬酒歌，一饮而尽的强烈欲望便会涌上心头。喝上一杯香甜可口的彝家美酒，一股暖流便会涌遍全身，让你感到无比惬意。带着略微酒劲儿和意犹未尽的心情，朝着远处若隐若现的街子赶去，一种想融入其间、

尽享其乐的心情便会油然而生。

巡街表演，热闹。巡街表演是开新街活动的主体内容。巡街表演开始前，各村各寨的文艺表演队会成群结队地涌来，按照惯例集中到街子上一处较为开阔的地方，穿衣戴帽、涂脂抹粉、整理装备，做好充分的准备工作。时辰一到，锣鼓喧天、鞭炮齐鸣，巡街表演就此开始。在噼噼啪啪的鞭炮声中，各种各样的文艺表演队排成长龙，沿街进行表演。街上万人共舞，龙腾虎跃、锣鼓喧天，街道边、阁楼里、房顶上，人山人海、欢声笑语，整条街子一下子变成了欢乐的海洋。表演者倾情投入，尽情享受狂舞欢歌的乐趣，观看者欢呼雀跃，全身心融入开新街的喜庆氛围中。这个时候，占领一个有利位置驻足观看，那当然是一件美事，但若能参与到浩浩荡荡的巡街表演队伍中跶啰跳舞，亲身体验彝族文艺表演的乐趣，那更是一种无与伦比的享受。文艺表演队从一条街跳到另一条街、从街头跳到街尾，跳遍整个集市，跳到集市的每一个角落，赶走所有的灾祸和妖魔，祈求来年风调雨顺、五谷丰登、六畜兴旺。

彝族舞龙，奔放。彝族舞龙是开新街必不可少的文艺表演项目之一，而富良棚的彝族舞龙在峨山最具盛名。富良棚开新街那天，数千名舞龙队员就会抬着上百条龙灯从四面八方涌来，参加盛大的巡街表演。男人们抬着长龙，女人们抬着短龙，姑娘们抬着新龙，孩子们抬着小龙。男女老少混合的舞龙队欢笑着、呐喊着、奔跑着，使出全力尽情地挥舞手中的舞龙棒，在浩浩荡荡的巡街表演队伍里敏捷地穿梭。每名队员都是那样的投入，每个动作都是那样的协调，进退有序，来去自如。色彩斑斓、大小不一的龙灯，或三五成群闹早春，或双龙戏珠送吉祥，或独龙飞舞展雄姿，或群龙共舞齐欢腾，夹杂在花鼓舞、大娱乐、烟盒舞等表演队伍里。男子舞龙威猛迅疾，女子舞龙轻盈亮丽，新龙娇艳美丽，小龙可爱动人，各有各的风姿，各有各的韵味。巡街表演结束后，还要举行女子舞龙大赛。风韵犹存的半老徐娘，风华正茂的年轻妇女，娇小可人的美丽少女，先后上台表演，尽情舞动，一展身手。获得女子舞龙大赛第一名的姑娘们，她们的身价将会陡然倍增，尤其是耍龙头的姑娘，将成为众多彝族小伙竞相追求的对象。

彝族花鼓舞，精彩。峨山是中国彝族花鼓舞之乡，而峨山彝族花鼓舞又以塔甸为最。开新街时，彝族花鼓舞表演是一道最亮丽的风景。穿着盛装的姑娘们潮水般涌来，她们敲着锣、打着鼓，跳着整齐的舞步，摇手、跳脚、漂移、旋转、顶地、腾空，每一个动作都那么优美，每一个姿势都那么精彩。在富良棚，寻找最漂亮的彝家姑娘要看舞龙队，而在塔甸，最美丽的彝家姑娘就在花鼓队里。你看，那排头的姑娘，她笑得那么灿烂、舞得那么自然，白皙的脸蛋，优美的身姿，加上舞步翩翩、彩带飘飘，活脱脱一个下凡的仙女。塔甸女子的花鼓舞表演足以让你一饱眼福，而岔河的男子花鼓舞表演更是精彩绝伦。岔河彝族花鼓舞传承人柳学光，只要他跳起花鼓舞，没有看够的时候。柳学光带出来的男子花鼓舞表演队远近闻名，他们不但舞步整齐，而且摇手、跳脚、漂移、旋转、顶地、腾空，每一个动作都充满力量，击鼓声更是响彻云霄，他们的表演既似冷兵器时代的壮士出征，悲壮而威武，又如神兵天降，华丽而伟岸，他们表演时，你会感觉到空气在沸腾，大地在颤抖。

彝族服饰展销，多样。开新街时，各种商品琳琅满目，而彝族服饰更是一绝。富良棚彝族刺绣服饰品种多、花样齐。在彝族服饰展销现场，纳苏、聂苏、山苏各彝族支系各式各样的彝族服饰应有尽有，让你眼花缭乱、目不暇接。纳苏服饰由盖头、包头、喜鹊帽、长褂、小褂、围腰、裤子、绣花鞋及手帕等组成，绣有鲜艳逼真的花草树木、虫鱼鸟兽，饰以金银铜铁，活泼灵动、色彩斑斓；聂苏服饰以红、黑两色为主，另杂有绿、蓝、白等色，由头饰、长褂、小褂、腰带、围带、兜肚、黑裤和绣花鞋，以及饰物烟包、手帕、银饰等组成，绣有日、月、星、火以及花、鸟、鱼、蝶等多种图案，结构复杂、端庄典雅；山苏服饰以蓝色为主，由头帕、衣服、围裙、裤子、鞋子等组成，结构简单、朴素大方。本地或外地、彝族或汉族的妇女们或三三两两，或成群结队地在彝族服饰展销现场耐心地挑选物件，仔细比对花样和成色，叽叽喳喳地讨论着，人来人往、热闹非凡。若能挑选出一两件彝族服饰带回家，或逢年过节时穿出来展示炫耀，或压在箱底作为收藏，那都是非常有意义的事情。

山地油菜花，绚烂。春节前后正是山地油菜花盛开的时节，开新街时，当你驱车来到塔甸、富良棚一带，公路两旁的油菜花总能将你深深吸引。黄灿灿的油菜花盛开在山野里，从山顶到箐底，从眼前到天边，连绵起伏、一望无际。层层叠叠的梯田，黄绿相间、错落有致，然而，绿色总是陪衬，那一抹充满眼帘、挥之不去的黄，才是当仁不让的主角儿。那醉人的黄呀，田间地头、坡上坎下、路旁沟边，一块块、一丘丘、一片片，怒放着、舒展着，既似华丽的锦缎，又如优美的画卷，光彩夺目，美不胜收。打开车窗，清新淡雅的香味就会扑鼻而来，带着潮湿的泥土气味，倏地钻入心底，沁人心脾。没错，这就是春天的味道！

彝味浓浓“咪嘎哈”

“咪嘎哈”是彝族山区以村组为单位的一项祭祀活动，不仅是与神对话的日子，而且是举村同庆的盛会。烧香拜神，磕头祈祷；杀猪宰羊，歌舞欢庆。一切为了人丁兴旺，一切为了五谷丰登。让我们共同举杯，与神共饮……

“咪嘎哈”是峨山彝族群众以村为单位举行祭祀活动的节日之一。“咪嘎”有地神之义，“哈”是祭祀、供奉的意思，“咪嘎哈”近乎汉族的“社祭”。旧时，每个彝族村寨附近都有一片风水林，称之为“神树林”，其间选定一株高大挺拔、枝繁叶茂的大树为“神树”，彝语称“咪嘎哈载”。彝族人视神树林和神树为本村寨的保护神，人人敬畏，神圣不可侵犯。各村各寨都制定出严格的村规民约对神树林进行管理，严禁砍伐、放牧，故而风水林四季常青。

“咪嘎哈”的日期，纳苏支系与聂苏支系各有不同。聂苏支系“咪嘎哈”日期选在每年正月的第二个属马日，有属马日举行“咪嘎哈”的说法。纳苏支系“咪嘎哈”日期在每年农历二月初的属牛或属龙日，若属相日逢初一或初二，则推移至下一个属相周期举办。此时，春回大地，万物复苏，彝家为祈求风调雨顺、五谷丰登、六畜兴旺，举行隆重的祭拜土地神活动，为期一日。

全县各地“咪嘎哈”祭祀活动大同小异，皆为全村公祭，男女老少都穿着崭新的衣服喜气洋洋地欢度节日。自古“咪嘎哈”只有男性才可进山入林欢聚饮食，女性则只能在家中用餐。祭祀活动由村民公推的至尊男性长老主持，也有各户轮流充任“头家”操持。祭祀议程各地不尽相同，富良棚一带大多推举两位德高望重的老人备办祭品。祭祀时，先在“神树”下劈一平台，铺撒上绿松毛做祭坛。然后，用“撒马木”雕刻制作犁、耙、镰刀、斧子、锄头、刮谷板等农具模型，置于神树祭坛旁，再用刺黄树木雕刻一对展翅欲飞的“布谷鸟”，视为报春神鸟，并以鸡血和火炭点睛画纹装饰，分别用剖裂一头的长木棍夹稳。然后边念祝词边用尖刀和山草搓好的绳索将“布谷鸟”分左右绕缚在离地面 1.5 米左右的神树上，平年绕 12 圈，闰年绕 13 圈。同时，按全村户数，

祭拜灵山神树

用小松树枝插入手拇指粗、10厘米长的芦苇筒内制成“小青松把”摆放在神树下的祭坛旁，以便各户带回家祭灶神。整个祭坛布置得古朴、神秘而清新。

“咪嘎哈”祭祀牲品为猪、羊、鸡肉。杀牲后，在神树林祭坛附近备办酒席，按户数分桌给全村人食用，还专门备好一盆切好的熟猪、鸡肉置于祭坛旁，由祭祀主持人赏赐给向神树叩拜者食用。祭祀仪式于当日下午举行，主持人焚香祭拜神树后，大声疾呼：“谷咧——谷咧，依尼咪嘎哈，咪嘎咪赛颇，喃拉佐代诚，喃拉兹贺诚，咪嘎哈格娜，咪嘎咪糯哩，喀里查周罗，仲茂阿仲筛，尼摸阿奇哈，过札惹周哩。”汉意为：“回来呀回来，今天祭祀咪嘎神，咪嘎即田地之神，佳肴贡你食，美酒敬你喝，祭完咪嘎神，田园好起来，村寨增人丁，粮食阿五谷，牛马和猪羊，样样都兴旺。”此时，若有鸟鸣人语应声，便视为已将地神唤醒，即令炮手点燃“冲天铁炮”（亦称为“地铁炮”）鸣6响或12响，同时燃放爆竹，加之人们的欢声笑语，场面热烈壮观。

旧时，自上年“咪嘎哈”至今年“咪嘎哈”期间生育儿女的人家会自愿备礼前来祭献，生男者礼物为一只大公鸡、一壶酒，生女者为一盘新鲜豆腐，并将食物赠予公众食用。而结婚多年未生育儿女的男子，则会被众人簇拥到祭坛前跪下，踢屁股一脚以示惩戒。祭祀场所只做菜肴，不备饭食，各户男子要自带饭食来神树林间会餐。妇女不能进山共祭，由男主人先到祭坛焚香叩头，领取“青松把”后，再到炊事处按份额领取肉食菜肴送回家中予以食用。村寨男性成员，以户为单位到山林间铺撒绿松毛席地而餐。席间，主持者向众人公布本年“咪嘎哈”祭祀活动的收支账务，并强调村规民约，告诫人们维护公众利益、积德行善、邻里和睦等，祝全村人畜安康。之后，人们尽兴而散。

民国初期的峨山画家董贯之的《古滇土人图志》第一卷《俗尚祭龙》载：“祭龙，夷民视为祈福避荒之要典，十室之邑皆奉行之。每逢春秋两季，择辰日从密林中认一大树为神，束松枝其上处，设

香礼并牛羊猪各一。夷众各新冠服，向树叩头，朝夕即会林中，大烹酒肉，尽欢而散。所祭的树名祭龙树，枝叶不许折伐，以触神怒。男女有恙，即向这树祈祷，决不医药，谓树神我佑而病自愈矣。”

在峨山彝族聚居区，“咪嘎哈”与“竜拉”是两个不同的祭神节日活动。上述董贯之所录“俗尚祭龙”，实际反映的是“咪嘎哈”，而非“竜拉”(即祭龙)。“咪嘎哈”与“竜拉”最大的区别在于：不管是在龙潭边还是在山谷溪流旁举行祭祀活动，“咪嘎哈”都要“认一大树为神”，以此作为“咪嘎神”（或“田地神”）的化身予以祭祀；而“竜拉”祭祀，供奉的则是村寨人畜饮用和农田灌溉的龙潭和山涧溪流。因此，将“咪嘎哈”称为祭龙，且在不少彝族聚居区村寨人群中亦称为祭龙，则是古代汉族文人学士进入彝区采风时，误将“咪嘎哈”采录为祭龙，并以讹传讹流传久远的缘故。

诵读祭祀经文

斗牛山上斗牛节

斗牛山水草丰美、山清水秀；斗牛节精彩壮观、传说神奇。千百年来，斗牛节磨砺出来的千万条壮硕耕牛，养育了一代又一代彝家人的快乐日子。

斗牛山是高鲁山脉的一座山峰，地势平坦，视野开阔。

每年端午节，世代居住在高鲁山附近的彝族山寨，就把自家最强壮的牛牵来，在这里举行盛大的斗牛比赛，预祝五谷丰登、六畜兴旺、风调雨顺。这时候，家家户户或拖儿带女，或牵家带口前往斗牛山上观看斗牛比赛。

参赛的牛一律是公牛，每年五六月，进入发情期的公牛最好斗。开赛前，斗牛师给每头牛编号、抓阄，进行淘汰赛。斗牛过程紧张激烈、惊心动魄，让人血脉扩张、心跳加速。将参赛的两头牛牵入斗牛场后，在观众的喝彩声中，斗牛瞬间如离弦之箭冲向对方。这时，斗牛场上爆发出最热烈的喝彩声，牛好像受到了人们的激励，向对方进行一波又一波的冲击，直到分出胜负。斗牛场面是血腥的，观众的激情是热烈的。胜者主人在获得相应级别的物质奖励外，如果愿意出手，一般会卖个好价钱。

❶ 高山之顶狂欢斗牛节

❷ 充满野性的较量

内行看门道，外行凑热闹。好酒的彝家汉子一边品尝着彝家“三大碗”，一边喝着自酿的美酒，推盏交杯，开怀畅饮。而姑娘小伙除了看斗牛，就跳大娱乐、对山歌，与心上人约会。

每年端午节在斗牛山上举办斗牛比赛的习俗由来已久，到底从何年何月兴起，又经过了多少朝代，现在已无从考证。不过，高鲁山附近的彝家山寨里，流传着这么一个美丽的传说：很久以前，高鲁山附近有个彝家寨子，寨子里有户人家，膝下无儿无女，两夫妻一年到头吃苦耐劳，可还是食不果腹，而其他劳力不如他家的却生活过得殷实。这到底是怎么回事呢？原来是他家的那头牛骨瘦如柴，每到农忙季节总是气喘吁吁，干不了活。有一天，寨子里有个好心人给他家出主意，说高鲁山附近有块水草丰美的地方，听说是一块神地，不妨到那里放一放，说不定能治好牛的病。老汉听了就把牛牵到那块草地放牧。开始，天气出奇地好，可过了一会儿，天空就电闪雷鸣、狂风大作。等到一切平静下来，老汉突然发现草地上多出了一条膘肥体壮的牛。这头牛其实就是老汉家那条骨瘦如柴的牛变化的，因为它吃到了仙草。

从此以后，老汉家的牛已不是一条普通的牛了，它有了使不完的力气，其他的牛一天耕两丘地，它一天就耕一山坡，其他的牛一次拉三袋粮，它一次拉十袋。这事一传十、十传百，有人说此山有仙气，斗牛就会斗出仙牛。就这样，附近彝家山寨里的彝族人都想让自家的牛沾沾仙气，慢慢形成了端午节在斗牛山上斗牛的习俗。

活着的化石：彝族传统火文化

矗立于大西神山之巅的火坛，只是一个标志，彝族千百年传承的火文化，岂能一物陈清、一言道尽。降妖除魔，耕田种地，居家过活，外出狩猎，治病救人，歌舞狂欢，彝家人样样离不开火。承载着对火的无限崇拜，彝家人高举火把，一路凯歌……

传说远古时代大地上发生了一场滔天洪灾后，人世间只剩下了阿普笃慕，而且失去了火种。后来天神赐给了阿普笃慕三个天仙妻子，但因为没有火种，阿普笃慕和他的三个天仙妻子，饿了吃不到熟食，冷了没有办法取暖。天神得知情况后没有直接赐给火种，而是派遣俄纳星神（太白金星）变为一只大黑蜂，带着天湖神蝶来到了人世间。大黑蜂用尖尖的尾刺钻枯木，左三钻，右三钻，枯木冒出青烟时，天湖神蝶在一旁扇动翅膀，扇起了火苗。从此，人世间又拥有了火种。

彝族谚语说："生于火塘边，死于火堆上。"彝人的生活离不开火，火塘就是将彝人的生活与火紧密相连的媒介。火塘是彝族人民在长期的生产生活实践中创造出来的产物。彝族民居都有堂屋，火塘就设在堂屋里，在堂屋中挖好土坑后，由石条镶制而成。火塘是彝族人饮食、取暖、照明、会客、议事及宗教活动的场所，在彝

龙与火的舞蹈

族人的心目中十分重要。彝族人都自然而然地把火塘视为一个家庭团结和睦的象征，认为火塘之火的燃与熄同家人的命运息息相关，因此，火塘之火长年不熄，称为“万年火”。彝族火塘里的锅庄石一旦埋下后，除非房屋拆迁，否则祖祖辈辈都不能移动。有些彝族人家的锅庄石往往说不清已经传了几代。彝家人这样传颂锅庄石：“山上有山鬼，石崖是山魂；彝家有锅庄，锅庄是家魂。”火塘不仅有助于保留火种，而且方便支锅煮饭、烧水。

彝族祭火词是这样颂扬火的功德的：“春天来开荒，荒地你烧熟；夏天虫吃苗，恶虫你烧死。火伴行人走，火伴家人坐；火是衣食火，火是人魂窝。”刀耕火种就是将彝人的生产与火紧密相连的媒介。刀耕火种之法不仅使彝族从游牧民族转变为定居民族，而且使原始农业迅速发展起来，使人们的物质生活条件大大改善，使彝

族人民在滇黔桂川地区安居乐业、生生不息。彝族谚语说："人不出门不出名，火不烧地地不肥。"

农耕之余，彝人还习惯利用火进行狩猎，如果白天观察到野兽栖息于某个林子里，夜晚便将干树枝、野草等易燃物堆集在出口点燃，然后放开猎狗去追逐，野兽因为害怕火，只往没有火的方向逃跑，早已守候在那里的猎人便乘机将其截获。彝人还喜欢在每年中秋节前到山上寻找野蜂，若发现树上或洞中有野蜂，就把棕树叶、干松毛等易燃物放在蜂窝下面点燃，将成年的野蜂烧死，取蜂蛹作为月圆之夜的桌上佳品。 彝人还将火用于医疗，当病人患风湿性关节炎、腰腿肿胀等疾病时，彝医就会将火草点燃放入特制的小陶罐内，陶罐里的空气加热后，将罐口覆于患处压紧，当罐子里的空气温度下降时，由于热胀冷缩原理，空气体积变小，陶罐便紧紧地吸附在患处，将患处的病毒吸出。

在生产和生活中，彝人离不开火，在娱乐活动中，彝人同样离不开火。除了火把节之外，彝家姑娘、小伙还喜欢在农闲时节的夜晚，相互邀约到野外，在空旷处燃起篝火，坐在篝火旁对山歌，围着篝火跳大娱乐，彻夜狂欢，很多美好的爱情故事就在这个时候产生。

百味彝家

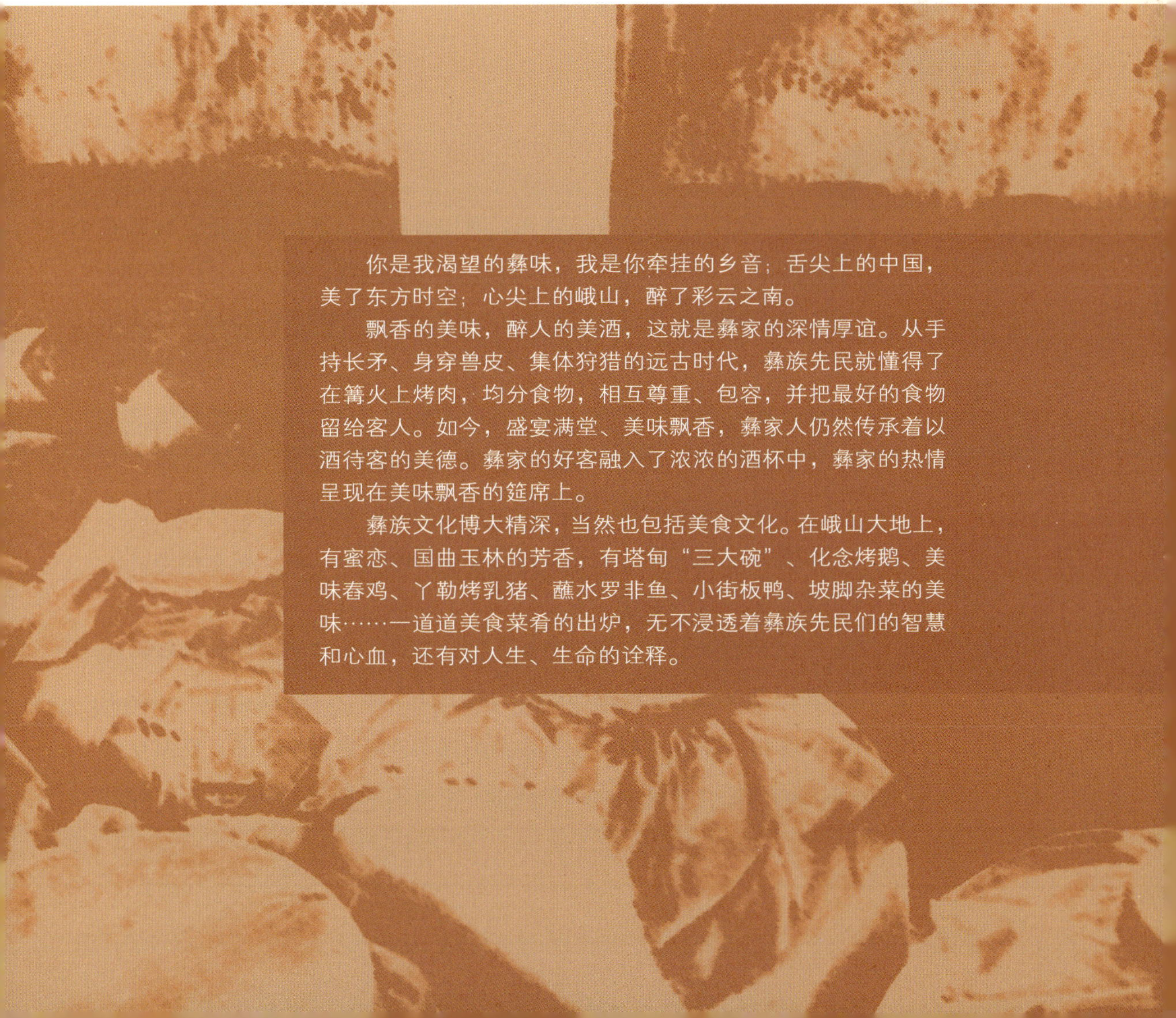

你是我渴望的彝味，我是你牵挂的乡音；舌尖上的中国，美了东方时空；心尖上的峨山，醉了彩云之南。

飘香的美味，醉人的美酒，这就是彝家的深情厚谊。从手持长矛、身穿兽皮、集体狩猎的远古时代，彝族先民就懂得了在篝火上烤肉，均分食物，相互尊重、包容，并把最好的食物留给客人。如今，盛宴满堂、美味飘香，彝家人仍然传承着以酒待客的美德。彝家的好客融入了浓浓的酒杯中，彝家的热情呈现在美味飘香的筵席上。

彝族文化博大精深，当然也包括美食文化。在峨山大地上，有蜜恋、国曲玉林的芳香，有塔甸“三大碗”、化念烤鹅、美味春鸡、丫勒烤乳猪、蘸水罗非鱼、小街板鸭、坡脚杂菜的美味……一道道美食菜肴的出炉，无不浸透着彝族先民们的智慧和心血，还有对人生、生命的诠释。

山地油菜出蜜恋

山地油菜是一首诗，山地油菜是一幅画，山地油菜更是彝家餐桌上实实在在的美味。山地油菜压榨出来的生态蜜恋油，不仅成就了彝乡的美味佳肴，而且其香味漂洋过海，传到了异国他乡……

早春时节，倘若你有幸来到峨山县塔甸、富良棚一带，就会被仙境般的美景所震撼：黄灿灿的油菜花盛开在山野里，从山顶到箐底，从眼前到天边，连绵起伏、一望无际。那醉人的黄呀，田间地头、坡上坎下、路旁沟边，一块块、一丘丘、一片片，怒放着、舒展着，既似华丽的锦缎，又如优美的画卷。成群结队的蜜蜂飞来飞去，清新淡雅的香气四处弥漫，在温暖的阳光下，在轻柔的微风里，传递着春的气息。隐约传来打猪草的姑娘银铃般的笑声，让你不知是看花儿好呢，还是寻觅花丛中的姑娘好。这，就是峨山县久负盛名的山地油菜花。

除了塔甸、富良棚一带的山地油菜花，玉溪凤窝庄园的有机油菜花也是一景。从岔河乡河外村往文山方向，一个狭长的山间坝子绵延数里。早春时节，金黄金黄的油菜花开满整个坝子，就像在群山之间铺了一块巨大的金色地毯。清香河从坝子里蜿蜒而下，如同

一条巨龙游弋在万花丛中。清香河畔、菜花丛中，白墙灰瓦、错落有致的凤窝村在阳光下分外显眼。加上村子里小孩子的嬉戏声、大人的吆喝声、看家狗的吠叫声和鸡鸭的争鸣声，再加上村边清澈的池塘、苍翠的古木、茂盛的翠竹，再加上高远湛蓝的天空、绵延起伏的群山，真真正正是世外桃源的景象。

此外，小街坝子里神秘的油菜花太极图更是一绝。峨山大河流经小街坝子时，形成一个巨大的“S”形太极图，古城山刚好就在太极眼上。早春时节，坝子里开满金色的油菜花，从天子山上望去，一幅色彩分明、饱满风韵、灵气十足

油菜花盛开的时节

的巨大的太极图便呈现于眼前。上天的恩赐，再加上人为的雕琢，使这里成为一块极其难得的风水宝地。

峨山的油菜花不仅仅限于此，遍布全县各地或大或小、或多或少的油菜花田数不胜数。峨山地处滇中，属亚热带季风气候，其气候和土壤非常适宜油菜生长，油菜种植自古以来就是峨山的传统农业之一。

彝家人喜欢在农业生产中使用农家肥，特别是种植油菜时都用农家肥。家畜家禽的粪便，彝家人从来不舍得丢弃，他们不但把圈舍里的粪便保存起来，而且还有到街上捡拾粪便的习惯，连上山放牛时都要背上背篓把新鲜牛粪背回家来。日积月累，每家每户都有一座如小山一样的粪堆。

秋末，彝家人理好墒、挖好塘，在每个塘里放入足量的牲口粪，播上油菜籽。从山顶到箐底，从富良棚到小街，只要能播种的地方，大家都把它种上，一塘塘，一墒墒，一块块，漫山遍野、连绵不绝。地理了一墒又一墒，塘挖了一个又一个，粪背了一箩又一箩，种播了一袋又一袋，虽然手上起了茧，虽然背上起了泡，但大家心里充满了希望。

冬天里，在大地的呵护和雨露的润泽下，油菜种子发芽、抽枝，慢慢成长起来。当无数生命在严寒的威逼下藏头裹足，沉沉睡去之时，油菜却饱食风霜雨露，积极向上生长，将原本万木凋零、毫无生机的大地装点起来，从浅绿到深绿，再从深绿到浓绿。当严寒刚刚退去，亿万朵油菜花便竞相绽放开来，急匆匆地报送春的信息。于是，前面描述的那些美景就一幕接一幕地上演了。

春末夏初，油菜成熟了，彝家人小心翼翼地把它收割回来，取出油菜籽晒干，放在榨油机里榨成纯香、美味的菜籽油，送进千家万户的厨房里，漫山遍野的美景此时就变成了家家户户餐桌上实实在在的美味。

彝族民间有千年的作坊榨油传统。1951 年，峨山县成立了自己的炼油厂，创造了“蜜恋”牌菜籽油。由于峨山得天独厚的气候、土壤条件和彝家人精细、天然的油菜种植技术，“蜜恋”油一经上市便以其味纯香、浓厚赢得广大消费者的赞誉，而且经久不衰、日久弥香，在多年的发展历程中屡屡获得殊荣。曾荣获玉溪市科技进步二等奖，中国昆明科技成果暨新技术新产品交易会“金奖”，云南省科技进步三等奖。1998 年，“蜜恋”牌被评为云南省名牌产品；2004 年，被中国名牌与市场战略促进会评为“中国著名畅销品牌”，被中国粮食行业协会、中国油脂行业协会授予“放心油”称号。

2006 年，由峨山本土彝族民营企业家创办的集产、学、研于一体的综合性生物资源开发集团化企业——云南玉溪源

天生物产业开发有限责任公司在峨山金水工业园区成立。源天生物产业开发有限责任公司成立后，集峨山 60 年专业制油生产经验，引进中粮集团现代加工技术和管理理念，充分结合中国居民膳食营养需求，建立了西南地区规模最大、技术设备领先、自动化程度高的现代化全产业链食用油生产线，并将“蜜恋”作为其核心品牌进行生产，使“蜜恋”牌食用油步入了一个崭新的发展阶段。

源天生物公司秉承彝家人自然、生态的理念，不但扎实经营好“蜜恋”牌食用油，而且进一步加大产品研发力度，开创了高端食用油品牌“七彩云香”和普通食用油品牌“红河谷”，形成“两高一低”的品牌定位，既保证了产品的延伸性，又有力维护了“蜜恋”核心品牌的地位。源天生物公司还依托峨山得天独厚的气候条件和物种多样性，研发出了火麻籽油、茶叶籽油、核桃油三大高端特色油品，并会同红塔集团“玉溪庄园”打造出中国第一瓶有机菜籽油。

如今，“蜜恋”牌食用油不但销往昆明、玉溪、红河、西双版纳等云南省 16 个州市和国内其他省份，而且远销缅甸、老挝等东南亚国家，彝家人种出来的菜籽油出口到了国外。

等待出厂上市的合格产品

国曲美酒玉林泉

玉林泉水甘甜，玉林美酒飘香，从三国时期的上好佳酿，到清朝年间的宫廷玉液，再到如今的国曲荣耀，玉林泉酒始终在嵋峨大地源远流淌、日久弥香……

峨山县城西北面有个村庄叫玉林村，青山环绕、绿树成荫、土地肥沃、民风淳朴。玉林村旁有一眼泉水叫玉林泉，泉水清澈纯净、甘甜凛冽。玉林村旁、玉林泉畔，一个现代化企业在绿树红花间若隐若现——这，就是云南玉林泉酒业有限公司。云南玉林泉酒业有限公司生产的玉林泉酒香飘海内外、情暖千万家，是中国小曲清香型白酒中一朵绚丽的奇葩。

相传很久以前，有两位内地酿酒师结伴而行，到处寻找酿酒的好地方。来到玉林泉畔，他们看到这里山清水秀、地涌玉泉，而且温度与湿度都非常适宜酿酒微生物的生长发育，便定居下来，开始酿酒。他们酿造的酒品质纯正、香甜可口，受到广泛赞誉，很快成为远近闻名的好酒，从此，玉林泉酒就诞生了。

玉林泉酒源于三国时期，扬名于清朝中叶，民国初期享誉滇中，距今已有近1800年的历史。传说，三国时期诸葛亮

征滇，七擒七纵孟获，孟获为之折服，曾献上滇中美酒玉林泉，把酒言和。1667 年，康熙亲政，平西王吴三桂携滇中奇珍异宝前往朝贺，其中产自嶍峨的佳酿“玉林泉”因其绵、甜、净、爽的独特风格广受赞誉。1935 年，聂耳在上海谱写出《义勇军进行曲》，兴奋之余，将家乡的玉林泉酒拿出来与文艺界的好友共同庆贺。于是，玉林泉酒在上海文艺界风靡一时。

中华人民共和国成立后，玉林村集体开办酒厂，玉林泉酒为生产队带来了良好的经济效益。1977 年 9 月，为发展地方民族经济，同时将玉林泉酒美名发扬光大，峨山县决定发展壮大玉林泉酒厂，由县财政投资，红旗公社出土地及劳力，在玉林村对面的马头山下建盖厂房，扩大生产。1984 年，峨山县人民政府将玉林泉酒厂转制为国有企业，打上了“国”字招牌，玉林泉酒迅速成为百姓餐桌上的必备佳酿。2002 年，峨山玉林泉酒业有限公司实现民营化改革改制。2005 年 9 月，世界 500 强泰国 TCC 集团整体并购云南峨山玉林泉酒业有限公司，由泰方独资经营。这是国内白酒行业中第一家被外资全资收购的企业，也是国内白酒品牌牵手世界资本的第一案例。从此，一个乡土品牌被推向了世界，玉林泉酒迎来了腾飞的机遇。

一千多年来，从封建社会的酿酒作坊到民国年间的小酒厂，从新中国成立初期的集体企业到改革开放以后的国有企业，再到现代化大企业，玉林泉酒始终固守着云南小曲白酒独具的酿酒秘艺：小罐发酵、木甑蒸馏、掐头去尾。小罐发酵以云南独有的小罐作为发酵容器，其特有的微孔网状结构和良好的透气性促进了酒体的均匀老熟，发酵周期长达 32 ~ 38 天，使酒香孕育得更为充分、浓厚。蒸馏所用木甑吸收了多余的水分，散热又慢，使蒸馏出来的酒体纯粹，并带有清新木质香。蒸馏出来的酒，“头酒”过热、“尾酒”嫌淡，玉林泉仅摘取中间段的小部分酒，这部分酒微量成分比例协调，酸酯协调度好。玉林泉酒生产用水玉林泉水为终年涌动的活泉水，富含锶、锂等矿物质和微量元素，自然硬度低于 3 个德国度，

pH 值在 6.5 ～ 7.5 之间，属最适合酿酒的生态用水。独特的酿酒秘艺和上好的生产用水，酿造出了独具特色、口感极佳的玉林泉酒，使玉林泉酒以其绵、甜、净、爽的独特风格及晶莹剔透、清香淡雅的个性魅力，牢牢占据广大饮酒爱好者的心，给人们带来了无限的激情与欢乐，绵绵不绝、日久弥香。

多年来，由于其严格的工艺和优良的品质，玉林泉酒屡屡获得殊荣。1980 年，玉林泉酒被国家财经出版社载入《中国酒》，列为云南地方好酒；2003 年，“玉林泉”牌注册商标被评定为云南省著名商标品牌，玉林泉酒业有限公司被中国酿酒工业协会确定为云南省唯一的全国 37 户重点白酒生产企业； 2006 年 5 月，玉林泉酒被中国酿酒工业协会确定为国家级白酒评酒委员换届考试样品酒，同年 11 月被商务部确定为“中国名酒”评选云南省唯一推荐品牌；2008 年，玉林泉酒业有限公司荣获“中国小曲白酒国家标准制定企业”荣誉；2009 年，“玉林泉”牌系列白酒荣获“中国白酒小曲香型代表”殊荣，新推出的大经典酒晋升“国字号”，与浓香五粮液、酱香茅台、清香汾酒等共列“国礼酒”之列，改写了云南有名烟无名酒的历史。

如今，千年传承的玉林泉酒不但在华夏大地源源流淌，而且其醇厚的味道和浓郁的芳香漂洋过海，传到了异国他乡。

精美醇香玉林泉酒

彝族黑糖史话

从绿汁江到大西山，从化念坝到高鲁山，彝族黑糖，承载着彝家一段田园牧歌式的生活，记录着彝家一段曾经的沧桑岁月。黑糖注入了彝家人的勤劳，也给彝家人带来期盼。

峨山彝族黑糖制作方法是祖传下来的手艺。这种遵循口耳相传、心领神会的传统方式是祖先智慧的结晶，同时也是家族的秘密，代代相传下来成为珍宝。

峨山彝族黑糖制作的手艺和当地的甘蔗种植是分不开的。峨山甘蔗种植主要分布在化念、岔河棚租坝、河外、富良棚丫勒、大龙潭河口、塔甸亚尼、小街宝泉等低热河谷和平坝。农历八月十五后，甘蔗生长基本定型，随着河谷昼夜温差逐渐加大，甘蔗的糖分一天天累积起来。甘蔗是一年生草本作物，365 天里有 330 多天在为土地穿绿衣，从嫩绿到深绿、从深绿到墨绿、从墨绿到变黄的过程就是甘蔗逐渐成熟的过程。

中秋过后，蔗农们就等候着甘蔗即将给他们带来的甜蜜的日子，抽出时间到糖匠家报上名，安排好自家甘蔗的收榨

彝族土造黑糖

时间。由于土地分散，每个糖匠一般会安排收榨一至三家的甘蔗，全村人的甜蜜日子就掌握在那些糖匠手里。

彝族黑糖用土法生产，甘蔗不施化肥，施农家肥或绿肥，原生态种植。加工时也没有经过高度的精炼、打砂提糖和脱色，比现代生产的红糖甜度高、营养好。它除了提供热能外，还有多种微量元素，如钙、钾、镁、铁及叶酸、维生素和有益的矿物质，有利于人体酸碱平衡，促进新陈代谢。

彝族黑糖制作的第一道工序是压榨取汁。古法榨糖以牛力为主要动力，三个并排的木辊站在一起，下面装一个大铁锅构成榨汁机，中间较大的辊轴上头连接一根长长的木头作为拴牛的杆，把牛拴在杆上围着榨汁辊转圈就成了榨机的动力来源。土法榨甘蔗由四人操作，一人使牛提供动力，一人供料出料，两人操作压榨。榨汁

采用二次取汁法，首先由一人喂原蔗到左辊“初榨”，对方接好初渣后喂进右辊，右辊与主辊的间隙要比左辊与主辊的间隙小得多，这样能够更干净地取出原汁。二次压榨后的蔗渣会由甘蔗主人家取走，拿去酿造甘蔗酒，彝族人自酿美酒是拿手技艺，甘蔗酒是平时接待嘉宾的甘泉玉液。

黑糖制作的第二道工序是煮清糖水。榨出的甘蔗水需要处理后才能做成糖，大铁锅置于灶上煮糖水。蔗汁下锅前先做初滤，除去渣屑，并在不断的加热过程中继续撇泡除沫，随着糖水温度升高，汁中的大部分杂质会上浮起来，糖匠们不断撇除，直到糖水变清。而加灰是黑糖制作不可缺少的工序，也是黑糖风格迥异的因素。不同的加灰方法、种类和加灰的量影响黑糖成品的风格，所有的操作除了心传口授外，

形状不同的成品

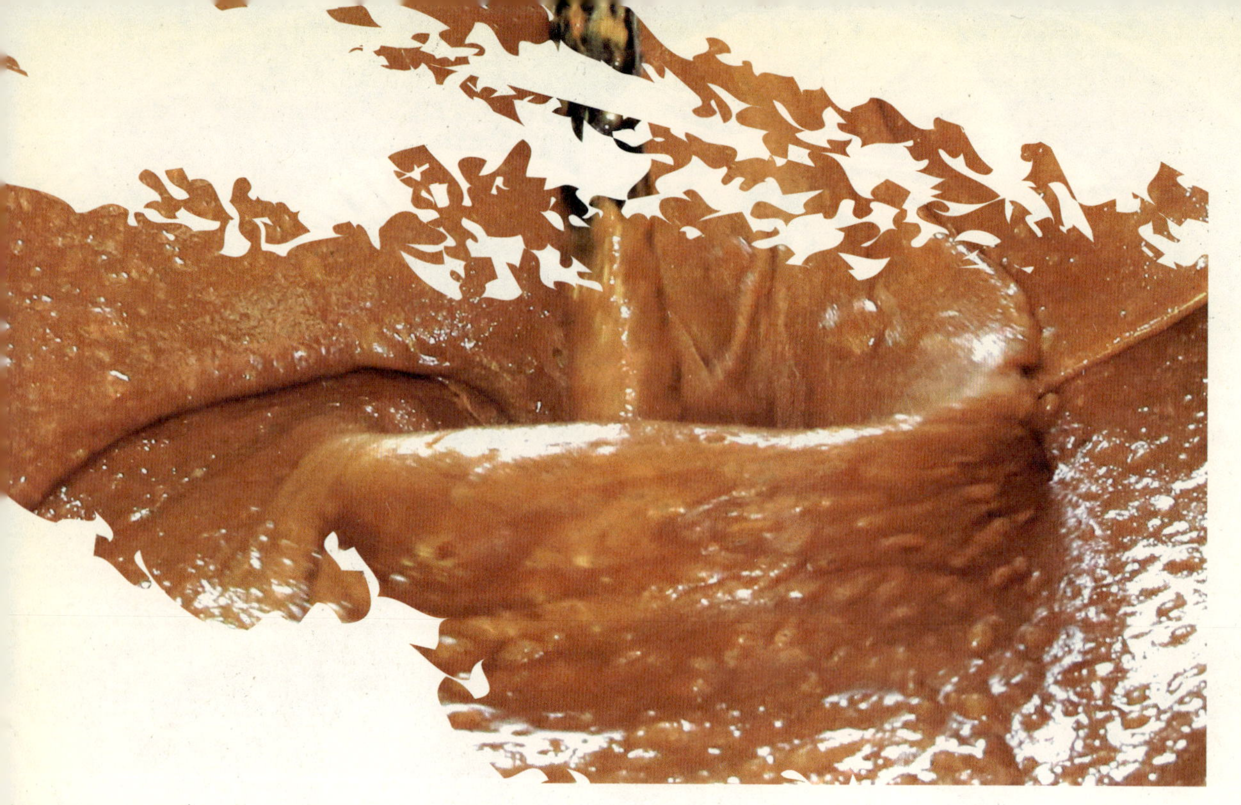

就得靠糖匠自己心领神会和感悟了，每一锅糖的熬制如同一首诗的创作，需要灵感。加灰后，灰分和胶质由于酸碱度的变化会沉下来，这时要静火恒温取上层清液到下一个大锅中进行熬制浓缩。然后是煮糖，这是一项体力活，操作时为了防止发泡过多而溢锅，要不时滴入菜籽油，煮糖更怕受热不均匀煮煳焦化，得不停地搅动糖汁。火候要掌握好，糖水失去水分就成了糖浆，起锅时机相当重要，温度超过 130 摄氏度糖就完全焦煳了，糖匠们又要操作，还得管火的大小，一锅下来往往筋疲力尽。

出锅后的高温糖浆要迅速倒入木桶中，不断用木棒搅打降温，这个手艺活就是打糖。当打糖降温到 85 摄氏度左右时，糖开始起砂，这时更要快速搅拌倒入糖模成型。晾好的糖用晒干的蔗叶一对一合包装好再上市。

浓缩的糖汁

彝山美食——别有风味野生菌

放开手脚，亲自下厨，做一餐鲜美的野生菌美食，邀请一些亲朋好友，再加上几瓶醇美的玉林泉酒，推盏交杯，边喝边聊，那更是一种神仙般的享受。

峨山境内山林特产特别丰富，野生菌更是独树一帜。

每年春夏时节，几场雨水下地，彝山大地到处生机勃勃，山林里各种野生菌陆续破土而出。有经验的菌农常常起得很早，背上背箩，捎上镰刀、锹子进山，在林子里仔细寻找菌子。茂密的松林里，常年覆盖着厚厚的松毛，菌子便从松毛下破土而出。拾菌子要有耐心，更要细心，不仅要花时间和精力，而且还要有敏锐的观察能力。拾菌子虽然不是个力气活，但一天跑下来身体消耗也不少。不过当你面前现出一朵朵、一丛丛、一簇簇的菌子时，惊喜早已冲淡了周身的疲劳。

峨山彝族山区都有采撷、食用野生菌的传统。从地理地貌而言，地处滇中地带，哀牢山北麓，森林茂密，资源丰富，大多是云南松、高山松等针叶林混交地带，很适宜野生菌的

生长。每年采菌季节，很多彝族群众利用短暂的农闲时间，成群结队，牵家带口，背上背箩结伴进山，一则享受采撷菌子的乐趣，二则增加副业收入，一举两得。尽管进山拾菌的人很多，但由于野生菌资源丰富，每次都能满载而归。也正因为如此，采摘、加工、销售野生菌成了峨山山区彝族人民增收的一条门路。据统计，每年峨山菌农采摘的各种野生菌就有16吨之多，收入高达四五千万元，平均每户菌农四五万元。

峨山野生菌品种多、种类丰富，如干巴菌、鸡坳、松茸菌、老人头、青头菌、牛肝菌、羊肚菌、竹荪、千年灵芝、白参菌、白灵菇、猴头菇、茶树菇、大红菌、块菌、金耳、奶浆菌、鸡油菌、扫把菌等等。峨山人爱菌、拾菌，更爱品尝野生菌美食。野生菌菜肴的做法也五花八门，多种多样，有烧、炒、煎、炖、蒸、扒、焖、酿、滚汤、凉拌、挂糊炸等样样俱全，美不胜收。每年产菌时节，只要你来到彝家做客，不论是否预约，餐桌上除了美酒外，一定少不了一道色香味俱佳的野生菌美食。尤其是干巴菌炒青椒，鸡坳炒青椒，或者是一钵美味的鸡坳滚汤、青头菌滚汤，或者北风菌滚汤……虽然做工简单、配料单一，但口感佳、味鲜美，独具特色，让你回味无穷。干巴菌炒青椒，先少许油入锅，旺火，油烧至九成熟，再将剁碎的小米辣、蒜瓣、花椒入锅炒出香味，最后放干巴菌爆炒至熟。这道菜肴把小米辣的辣味与干巴菌的香味、花椒的麻味有机结合，味道鲜美，芳香四溢，食之叫人欲罢不能。这种炒制法适宜于对牛肝菌、干巴菌、鸡坳、青头菌、鸡油菌、虎掌菌的烹制，其主要调料以辣椒、大蒜为主，烹制出来的菜肴鲜香可口，大饱口福。滚汤法，如鸡坳汤、北风菌汤、青头菌汤等。这种做法把野生菌的鲜味加入汤里，以品汤为主，汤汁腻滑质好，鲜美味佳，实为汤之上品。城里的美食府，野生菌佳肴便是美食的主打菜。各路烹饪大师、滇菜大师八仙过海、各显神通，推出了各种五花八门的野生菌系列名菜佳肴，取名也很有诗意，如将滇、川、粤的精湛厨艺融入鸡坳菜肴，推出的“雄鸡报晓”“琵琶新曲”“龙凤呈

祥”“田园牧歌”等；能满足不同消费群体的石烹青头菌挂鱼、三味烤松茸、羊肚菌烧鱼方、杏仁鸡纵菌、松米干巴菌等；还有松茸气锅鸡、彝山青头菌、醃菜炒香根、纲油鸡纵、野菌金羊头……可谓五花八门、应有尽有。

峨山人对野生菌的喜爱，已经到了痴迷的程度，大人小孩皆不例外。即便是像我这样对野生菌不怎么“感冒”的人，每年菌子上市的时节，也经不住诱惑，要在野生菌市场上逛一逛、走一走、看一看。遇到价钱适合，也会买点回家做上一顿鲜美的野生菌菜肴，感受一下野生菌美食。不过大多是很不起眼的杂菌（峨山人有个习惯，除了鸡纵、干巴菌以外其他所有野生菌都统称为杂菌），干巴菌和鸡纵价格不菲。

青头菌

峨山野生菌市场在县城西门，那里人影幢幢、熙来攘往，

各种叫卖声、讨价还价声此起彼伏，非常热闹。市场上摆满了鸡坳菌、干巴菌、青头菌、牛肝菌、老人头、鸡油菌等各种野生菌，一堆堆、一箩箩、一篮篮，叫人眼花缭乱。交易方式也各有千秋，有的估堆卖，有的按斤论价，有的按箩、按窝、按把、按朵讨价还价。买菌的人也很多，卖菌的人自然也不少，这里面有的是菌贩子，有的是本地菌农，有的是山区农民，鱼龙混杂，八仙过海，各显神通。

如果你来峨山，想一饱眼福，亲自体味一下菌市场的热闹，那就到西门市场走一走，或者干脆驱车前往甸中，或者塔甸、富良棚方向去，你便会在公路边看到许多临时摆摊设点的卖菌人，那也是另一种野生菌交易市场。有时还会碰上收菌子的商贩和菌农在路边讨价还价，进行菌子交易。如果你来峨山想尝鲜解馋，那你可以到峨山本地馆子，点一两道新鲜菌品一品，也能达到你的目的。在峨山，无论是城里，还是乡下，还是在路边，各种食店、馆子、农家乐比比皆是，出菌子的季节这些大大小小的食店多多少少都会有野生菌菜肴烹制，价格高低不等。杂菌相对来讲价格便宜、实惠，鸡坳菌、干巴菌的价格却不菲，就看你要吃的是哪个档次、价格在多大的范围内，但吃后你绝对不会后悔。

如果你的时间足够充裕，并且不怕山高路远，最好的选择是亲自进山拾菌。一边欣赏彝山美景、呼吸清新的空气，一边采撷菌子，那是一种难得的体验。你可以驱车前往县城附近的山区拾菌，也可以驱车前往更远的塔甸、富良棚一带去，运气好的话多少会有点收获。亲自体验拾菌人的艰辛，感受他们的酸甜苦辣，不管收获多少、收获与否，都是自己的劳动所得，其中的滋味自然乐趣无穷。

牛肝菌

如果你时间有限，无心在城里的食府品尝美食，想亲自展示一下自己的手艺，做道原汁原味的原生态野生菌菜肴，你可以到峨山西门野生菌市场采购你想要的菌子，那里林林

总总，野生菌品种繁多、种类齐全，可买到任何你想吃的野生菌。

把菌子买回家，亲自下厨，放开手脚，做一桌鲜美的野生菌美食，再邀请一些亲朋好友，加上几瓶醇美的干巴菌泡酒，或松茸菌泡酒，推盏交杯，边喝边聊，更是一种神仙般的享受。

野生菌一条街

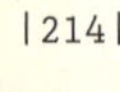

彝山特产——自然生态野生菜

在峨山境内的山野里，你随便坐在哪儿，屁股下都很可能就垫着几种可食用的野菜或者中草药。野菜是大自然馈赠给人类的纯生态食品，是现代人追求绿色健康饮食的一种必然选择……

20 世纪 90 年代末，曾有专家预言：野生菜将成为下个世纪餐桌上的绿色食品。确实如此，如今野生菜越来越贴近人们的生活，并逐渐成为现代人追求绿色健康饮食的一种风尚。

云南素有“植物王国”之美誉，峨山也不例外。有人戏言：在峨山的山野里，你随便坐在哪儿，屁股下面可能就垫着几种可食用的野生菜或者中草药。这话可是一点不夸张，彝山野生菜不仅数量多，而且品种全。

在野生菜家族中，龙爪菜是一种常见菜。龙爪菜又名蕨菜，因刚长出的嫩芽酷似传说中的龙爪而得名，素有“山菜之王”之称。食之鲜嫩滑爽，可炒、烧、煨、焖，食法很多。龙爪菜生存力极强，除生长于当阳山坡、野外、山间外，还不择地点、时间地出现在田间地头，尤其在发生过山火的林间、坡地，一场雨水下地后蕨菜嫩芽便万箭齐发、生机勃勃。

龙爪菜（蕨菜）

高鲁山南麓，有片开阔的平地，名曰斗牛山。斗牛山由于海拔高，常年只生长着低矮的灌木，一丛丛杨梅树便夹杂在其中，到处星罗棋布。每年端午节斗牛大赛时，斗牛山便人山人海、热闹非凡。去看斗牛的姑娘们手里挎个篮子，一来去采蕨菜，二来摘杨梅。“参差荇菜，左右流之。”如《诗经·国风·周南·关雎》中妩媚女子在灿烂春光中采撷野菜的情景。

当然，蕨菜只是峨山野生菜王国里的沧海一粟。峨山县大多是山区和半山区，气候温和，四季湿润，且有“一山分四季，十里不同天”的立体气候，很适合各种野生菜的生长。据考证，峨山县山区和半山区可食用的野生菜就多达上百种，并且种类齐全，品种丰富。如麦子草、清明菜、马蓝头、尖刀菜、革墨拍、飞花菜、辣子草、大苦马菜、小苦马菜、白花菜、少花鸭舌草、蓝花菜、酸荞秆、辣蓼、水薄荷、野山椒、登龙菜、甜菜、刺头菜、刺苦菜、补鸦、荠菜、竹笋、马蹄叶、野芫荽、水芹菜、龙爪菜、车前草、野山药、折耳根、棠梨花、臭菜、野芭蕉、黄山药、树花、野生木耳、苦刺花、大白花、芭蕉花、金雀花、沙松尖、苦凉菜等等，说峨山是个野菜王国，一点也不夸张。而峨山人经常食用的野生菜主要有飞花菜、民国菜、甜菜、水芹菜、龙爪菜、野山药、折耳根、棠梨花、臭菜、黄山药、树花、野生木耳、苦刺花、大白花、芭蕉花、沙松尖、苦凉菜等等，数目和品种都不少。野生菜与人工种植的蔬菜相比，由于其生长在野生环境中，比人工菜味道浓、口感好，加之没有化肥、农药的污染，是非常难得的原生态绿色食品。在峨山，野生菜不仅普通百姓食用，而且在各种高档餐厅、食府中的消费也异常火爆。

❶ 苦刺花

❷ 大白花

野生菜的食法和菜肴也很多，与野生菌相比毫不逊色。峨山民间大厨们，在长期的饮食实践中创造了许多野菜佳肴。在那食难果腹的年月，有人曾用民间八大碗的方式，发明了一种野菜八大碗：鸡油菌、醋泡蕺菜、素炒芭蕉花、清汤薄荷、蘸水甜荞菜、油炸香椿、蚕豆炒蕨菜和木耳炖猪血。这样的素八大碗要凑齐，在当时那个年代，不知道要花费多少心思。而今，野菜作为现代人养生、保健、追求生态饮食的一种标志，这些来自山野的植物，不但进入了普通百姓的餐桌，更登堂入室，在众多名厨手中脱胎换骨，成为席间佳肴、名副其实的野山珍。在营养学家和医学专家眼里，大自然馈赠给人类的这些纯生态野菜还具有延年益寿、强身健体的功能。野菜不仅含人体所必需的蛋白质、脂肪、碳水化合物、维生素、矿物质等营养成分，而且植物纤维更为丰富，有的野菜维生素、矿物质含量比栽种的蔬菜高几倍甚至几十倍。野菜不仅能够丰富餐桌，也是防病治病的良药。荠菜能清肝明目、中和脾胃、止血降压；苦菜则可以清热、冷血、解毒，治疗痢疾、黄疸、肛瘘、蛇咬伤等；灰菜可祛湿、解毒、杀虫；野苋菜有清热利湿的作用，可治痢疾、肠炎、膀胱结石、甲状腺肿大、咽喉肿痛等；蕨菜的功效是清热、利尿、益气、养阴，用于高热神昏、筋骨疼痛、小便不利等。同时，因为含有各种抗氧化成分和丰富的营养，野菜还被用于化妆品之中。

然而，对于峨山野生菜而言，它的辉煌远不止这些，它的辉煌还在于美名传千里。彝山野菜在昆明、北京、上海等全国大中城市，还有东南亚等国家都有美誉，可谓名扬天下。据调查，峨山每年本地食用和向外销售的野菜均在六七百吨以上，年收入达千万元。野菜在给彝山带来丰厚回报的同时，也给追求原生态饮食、追求回归自然的现代人大饱口福、强身健体。

❶ 棠梨花
❷ 蓝花菜

食之难忘——彝家“三大碗”

花非花，雾非雾；夜半来，天明去；守望着、惦念着，去离天最近的地方品彝家“三大碗”，品另一样的人生，体会生命及万物生长的奥妙，做一回仙居者。

花非花，雾非雾，
夜半来，天明去。
来如春梦几多时？
去似朝云无觅处。

这首诗是白居易一生当中创作的诗歌佳作，他的其他作品，语言浅近，意境显露，唯有这首诗洋溢着厚重的“朦胧”味儿。过惯了城里紧张日子的人们，总是把握不住这种“似花，非花；似雾，非雾”的感觉，读起来觉得美，理解起来却觉得很累。然而，只要在大西山顶品尝过“塔甸三大碗”，你就会对这首“博喻”的《花非花》有所感悟。

“塔甸三大碗”在塔甸各地都可以吃得到，甚至在峨山县城的某个彝族风味店里也吃得到，但说到品尝，那就非

得到大西山上才能找到感觉，品得出人生来。在大西山品“三大碗”，最好还是到山顶的大草场上，特别是火把节期间。每年的火把节，大西山上的草地最碧绿、空气最新鲜、泉水最清澈、天空最湛蓝、人气最旺盛。“塔甸三大碗”，即牛一碗、羊一碗、狗一碗。牛、羊、狗汤锅其他地方也有，比如新平嘎洒的牛肉汤锅，广东、广西一带的牛腩等，不胜枚举，然而，“塔甸三大碗”可以算得上是这种饮食文化的一朵奇葩。

每年农历六月二十四，是峨山彝族传统火把节。这时刚好是雨季，大西山的七十二峰往往沉浸在雾海里。大雾起起落落，涌动着、翻滚着，把大西山这片纯净之地同外面的世界隔离开来，犹如仙境。

大西山上的景色确实是不一般的美，这里虽然没有天山上常年的积雪，但却有着天山一样广袤的高山草甸，且常绿不衰，没

彝家“三大碗”的诱惑

❶ 一饱口福

❷ 精心熬煮的美味

有明显的四季更迭；这里虽然没有峨眉山的险峻奇丽，但有着峨眉山万佛顶下的苍茫雾海。无论白天黑夜，大西山都不寂寞，劳作放牧的人们时常在山与山之间打歌对唱，跑山挝啰的人在夜空下拉腔对白，那些来自远方的摄影爱好者偶尔在山岭上驻足，完全是一幅人与自然完美结合的景象。

在大西山上，牛、羊、猪、马都是一起放养的，它们一起吃、一起走、一起玩、一起住。当然，狗是少不了的，白天，充当着放牧者，夜晚，蹲候在火塘边，就像家里的一个成员。这就是活着的一群“塔甸三大碗”，马是不做“汤锅”的，它是山里彝族同胞重要的交通工具，而猪却不能少，做成白水煮的“三线肥肉”在“三大碗”里充当着重要角色。先说说“三大碗”中的“牛一碗”，牛是大西山放养的肥牛，必须带皮、带骨，牛蹄、牛头要烧焦烧黄洗净，然后一起放到大铁锅里熬煮一天一夜，熬到熟而不烂、脆而不生，让人吃到嘴里便觉得舒、爽。最关键的还是在煮的时候要把牛肚内尚未消化的草料适量放于锅中一起煮熬，量的多少各家不同，也就形成了不同风味，这一招也正是“牛一碗”风味淳厚的原因所在。“牛一碗”所用的料不能过分用水洗，当地有说法，宰牛时“热水一锅，冷水一挑”，当然，这只有大西山上的当地人做得到，山外人只能听听而已，这也是“牛一碗”的独到之处。

1

2

“羊一碗”的用料、用水、宰杀同“牛一碗”相差不大。关键是羊肠的处理，人们说“羊肠十八掰，人生曲折在里头”。羊肠一定得处理干净，汤熬煮的时候不能加羊肚里尚未消化的草料，熬煮的时间也不用“牛一碗”那样长，一般6个小时就可以了。大西的羊都是黑山羊，吃的是矮树的叶子，食草很少，羊的腥味没有草原上放养的绵羊重。

“狗一碗”是“三大碗”中的最后一碗。关于狗的汤锅，彝族同胞是这样说的：瘦狗肥羊，一黄二白三黑四花。选狗要选瘦狗，狗的毛色黄的最好，其次是白、黑、花。“狗一碗”的做法也有讲究，去毛后，必须把整只狗皮烧得金黄，去内脏后整只放进去锅里煮个半熟，再切成片熬煮，熬煮的时间和“羊一碗”差不多。“狗一碗”最有特色的是“狗血肠”，把狗肠子洗净后，以杀狗剖肚时产生的血与茴香籽一起拌匀，装填进肠内用线扎好，和狗肉一起熬煮，熟后切成段，和狗肉一起食用。这便是“三大碗”中的“狗一碗”。

完整的“塔甸三大碗”必须配备蘸水食用才有味，“三大碗”的蘸水用料，全是大西山上的田间地头、箐沟坡头所生长的多种草香料，按不同的味道配于食盐、味精、辣椒和白开水而成，“三大碗”各碗有各碗的蘸水，品食时是不能弄错的，否则，你会错过一顿地地道道的天、地、物、人和谐的大餐。

面对一席完整的“三大碗”盛宴，你只管静静地、细细地品味每一碗，不要去想什么，尽量去找清静的感觉，过了几分钟，你再倒上一碗峨山玉林泉酒，夹一筷肉，喝一口酒地去品。当酒过三巡，你会发现这一生从来就没有如此自然过，感觉特别的好。听说大西山上的彝族同胞都不愿意到外面的城里生活，有一年，政府把这里的孤寡老人接到县城里的养老院休养，并按城里的标准照顾得好好的，可是没几天，老人们一个个吵闹着要回去，劝也劝不住，最后只好把他们送回大西山上。不仅老人如此，年轻人亦然。是呀，这种神仙般的自然情感，谁又能搁得下呢？

长期以来，我们都习惯了“两极”思维方法和生活模式，总是要把事物用“好与坏”做一个评价，区分得很清楚，把自己关在这样一个笼子里，把中间的那些忘记了，而那些被我们忘记了的却确确实实存在着。生活在这样的笼子里，城里人不觉得累那才是怪事。和谐是最重要的，人与人之间也好，山野草木也罢，只有自由稳定而缓慢的成长，才是生命和万物生长的奥妙，为什么非得分出个好与坏呢？大西山上独特的“塔甸三大碗” 就是如此吧，“花非花，雾非雾”就是这样一种“博喻”的感觉！

品不够的化念烤鹅

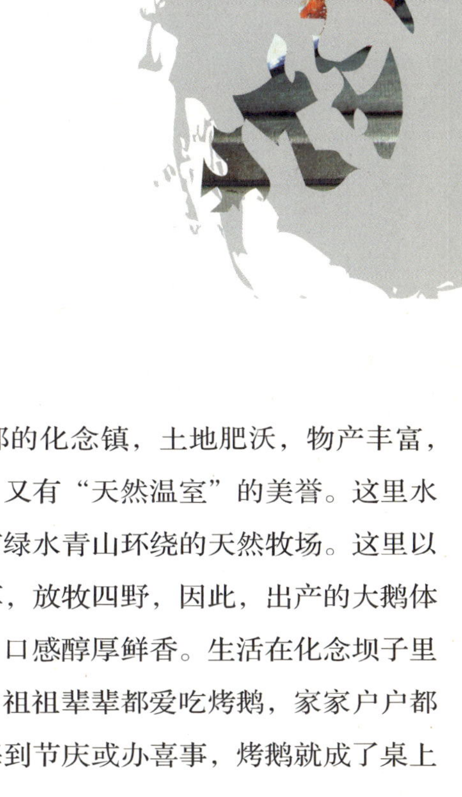

曲项向天歌，白毛浮绿水，红掌拨清波。歌者无畏，人更无畏……

坐落在峨山县西南部的化念镇，土地肥沃，物产丰富，素有“火凤凰”的雅称，又有“天然温室”的美誉。这里水草丰美、林木茂盛，还有绿水青山环绕的天然牧场。这里以盛产大鹅著称，鹅食青草，放牧四野，因此，出产的大鹅体态肥硕，肉质丰厚细腻，口感醇厚鲜香。生活在化念坝子里的彝族、哈尼族、傣族，祖祖辈辈都爱吃烤鹅，家家户户都有一个烤鹅用的土灶，每到节庆或办喜事，烤鹅就成了桌上不可或缺的美食。

提起化念烤鹅，人们总是对它的口味和与众不同的营养价值津津乐道。昔日的传统地方食品，经过 10 多年的努力，现在已成为远销省内外的特色产品。化念烤鹅，鹅体饱满，腹含汤汁，滋味醇厚，具有皮脆、肉嫩、骨香、肥而不腻的特点。

“正宗化念烤鹅”是李为兴和妻子经营的小店，烤鹅是店里的招牌菜。“化念以前家家户户都是在家里烤鹅，我们家也一样，没有刻意学过，看得多了，自然就学会了。”李为兴说。

店前的小河里，一群大白鹅在游弋着，时而引吭高歌，时而低头梳羽。水边摆放着一盆苞谷面，鹅游累了就过来吃几口。“鹅要选8斤以上的，大了太肥，烤出来不香；小了太嫩，肉质不好。既要保证味道，又要保证口感。”李为兴说：“价格高点都可以，但一定要放养，这样的鹅肉才香。而且只要老品种土白鹅。”一说起烤鹅，李为兴的话匣子就会打开来。拔毛、抹盐、抹蜂蜜、开膛、放入葱和花椒等作料，这是李为兴每天都在重复的工作。

河边摆着一口土灶，形似蒙古包，圆顶肥身，冒着炊烟，这就是烤制大鹅的烤炉了。以前，化念人每家都有一口，现在很少见了。“我们烧松毛团加热，这样烤出来的鹅才会有一股松毛的清香

出　炉

味，每个星期我都要开车去购买一次松毛，上山捡拾松毛的老人们每月也能有个七八百元的收入。”既能保证烤鹅的味道，又能让老人们增加收入，李为兴显得很开心。“什么时候把鹅放进去，什么时候拎出来，烤鹅最重要的就是火候。火大的时候不能放，容易烤焦，火小烤出来的颜色不好，没有卖相。”

化念烤鹅好吃，功不可没的还有蘸水，蘸水里的油是烤鹅时滴下来的。原来，在烤炉底部还有个烤盘，专门用来接滴下来的鹅油，再拌入辣椒等作料，就成了风味独特的蘸水了。“蘸的时候要将鹅肉整块浸入，从底部抄起，让作料包满鹅肉，使料香与肉香合二为一，这才更为美味。”李为兴说。

其实，鹅肉本身益处多多：含蛋白质、钙、磷、钾、钠等十多种微量元素，且脂肪含量较低，质地柔软，容易被人体消化吸收。鹅翅、鹅蹼、鹅舌、鹅肠、鹅肫也同样是餐桌上的美味佳肴。

回头再来，只因有舂鸡

舂肉、舂鱼、舂豆、舂菌子、舂蔬菜……这一“舂”便舂出一道道美食，这一“舂”便舂出彝家的新生活。“赵记舂鸡”舂进了彝家的真情、舂进了彝家的和谐、舂进了彝家的期盼。

舂，一度是加工谷物的传统方式。因了“舂”的作用，谷物与石臼间产生了无法回避的摩擦，渐渐褪去外壳，直到现出晶莹白净的内质来。如今，曾经糠尘飞扬的水磨房早已不见，夯实有力的舂臼声也逐渐消失，但“舂”却进入厨房以烹饪的方式传承了下来。

舂肉、舂鱼、舂豆、舂菌子、舂蔬菜……“舂”无处不在。看似粗犷干脆的动作，却暗含细腻柔韧的技巧。俗话说：“石臼不响，吃饭不香。”因了“舂”的扩张运用，舂菜，一直是我们祖祖辈辈餐桌上舍不去的情感。而在峨山，无人不晓的舂菜莫过于舂鸡。

赵建龙家住在峨山县小街街道办，做舂鸡已有三十多年的历史，是峨山舂鸡的创始人。赵建龙记得，幼时由于家庭贫困，一年到头只有过春节时才吃得上鸡肉。除夕一过，家人都会把头晚未吃完的鸡肉煮熟后挂在高处，第二天再切好蘸着蘸水吃。在他 30 岁那年的春节，在帮家人做菜时，他突发奇想：与其每年都吃蘸水鸡肉，何不另换一种吃法？于是，他将煮熟的鸡肉和着花椒、盐等简单的配料一起舂碎后端上了桌，一品尝，当场受到了全家人的一致称赞。此后，赵建龙决定开办一家以舂鸡为主打菜的餐馆，将这一特色菜全面推广。

赵建龙做的舂鸡口味独特，他又倡导诚信经营，生意一直不错。2003 年，在全家的支持下，他贷款 10 万元，在小街社区农贸市场建起了一栋三层小楼，开设小店，至今已整整 10 年。他们家的小店属于家庭式经营，一家 9 口人都靠这个小店营生，年毛收入有 35 万元左右，舂鸡占了一半以上。

现在，大部分峨山人都会做舂鸡了，但仍有很多店家会向赵建龙讨教最地道的舂鸡做法。

舂 鸡

要做出好吃的舂鸡，选择好的食材很重要。赵建龙一般从石屏龙武、峨山富良棚和新平等地采购山上放养的土鸡。“这种鸡生活环境生态，不喂饲料，运动量大，肉质鲜美。而且只能用母鸡制作舂鸡，因为公鸡肉太硬，口感不好。”赵建龙介绍着舂鸡的具体做法：将杀好的鸡取出内脏后煮熟，切除头和脚等部位，然后将鸡肉切块，加入花椒、辣椒、胡椒和香椿子等配料，放入石臼中舂制。赵建龙对舂制工具的要求也很高，用石杵舂鸡，石头摩擦后会产生石粉，影响鸡肉的味道。经过多次尝试后，赵建龙发现用香椿木制作的木杵不仅可以让舂出来的鸡肉不变色，而且还可以保留其原有的鲜味。

在玉溪举办的一次饮食大赛中，赵建龙靠舂鸡这一特色菜获得了铜奖。评委在点评舂鸡的口味时说：这道菜不仅吃得出配料的香味，还能保持鸡肉原有的鲜味，十分难得。现在，舂鸡已经进入了寻常百姓家，在峨山县知名度很高，凡是婚丧嫁娶等重要日子，各家的餐桌上都能见到舂鸡。

舂鸡已在全县广为流传，峨山本地人还将其继续“发扬光大”，他们将茄子、豆、干巴、慈姑等不同的食材都放入石臼中舂制，逐渐演变为今天内容更加丰富的系列“舂菜”。这些美味不仅成为当地饮食文化的金字招牌，同时也极大地促进了当地旅游文化的发展。

舂鸡全席

绿汁江畔丫勒烤乳猪

绿汁江边凤凰花绽放，丫勒彝家烤乳猪声名远播。一样的天，一样的地，一样的情……昂首阔步、脚踏实地、不甘落后是彝家人对人生的诠释。

丫勒是个坐落在绿汁江畔，与大自然和谐相处的彝家山寨。

数万年的风雨洗礼，让日夜奔腾咆哮的绿汁江，把江岸雕琢出了深深的河谷。河谷两岸千沟万壑，江畔土地肥沃、农田阡陌。丫勒就在这美丽的绿汁江畔，与楚雄州双柏县隔江相望、烟火相接。

这里年平均气温23℃，海拔840米，是个典型的低海拔热坝。由于上天眷顾，这里天华物美、物产丰富，盛产热带作物和水果，稻麦飘香。然而，这里声名远播的不是丫勒的人间仙境，而是传统独特美食——丫勒烤乳猪。

丫勒烤乳猪和火烧干巴、清炖牛脚、棕头猪蹄汤等彝家特色风味小吃一样，是丫勒非常地道、非常独特的传统美食。丫勒烤乳猪与城里美食府里的烤乳猪相比，具有色泽金

正在烤制中的乳猪

红、风味独特、皮酥肉香、肉质松化、入口化渣、鲜醇不腻等特点，且配方独特，具有生态纯正、原汁原味的特点。

丫勒烤乳猪制作过程非常讲究。在原料的选取上，一定要用丫勒本地土生土长的小香猪，重量在 5 ~ 6 千克，要求皮薄，体态丰满。选好乳猪后，就按传统方法进行宰杀放血、褪毛、去内脏，洗净后，从臀部内侧顺脊骨劈开，除去板油，剔去前胸 3 ~ 4 根肋骨和肩胛骨，再用清水彻底冲洗干净。这个过程是细活儿，制作中不得损破表皮以保持外形完整。然后，将乳猪洗净，拌上丫勒彝家人的传统作料，腌制半个小时左右，再定型、烫皮、上脆皮糖浆，用自制的火炉烤制。烤制过程也有讲究，先烤胸、腹部约 20 分钟，再顺次烤头、背、胸腹及边缘部分。猪的全身特别是脖颈和腰部，要用针刺排出水分，进行刷油，将烤渗出来的油脂擦去，以免流在皮肉上影响外观。烤好的乳猪取出后，趁热还要在表面刷上一层香油。

丫勒烤乳猪是丫勒彝家人难得一做的传统美食，不仅是逢年过节、婚嫁喜事、新居乔迁、儿女生日等宴席中必不可少的一道美食，而且也是远方贵客光临、尊贵客人到来时招待客人的一道难得的佳肴。丫勒烤乳猪到底兴起于何年何月，已无人知晓，也无从考证。而民间却有个有趣的传说：很久以前，有一天，丫勒寨子里有户人家的院子突然失了火，火势凶猛，烈焰冲天，把院子里的东西都烧光了。等到这户人家的主人匆匆赶回家时，已经烧得一片狼藉，主人目瞪口呆之余，忽然一阵香味扑鼻而来，循着香味寻去，发现味道是从猪圈里圈养的一头已经烧焦的小猪身上发出来的。主人一看小猪，皮烤得红扑扑的，色泽地道，让人垂涎欲滴。他尝了几口后，感觉味道很好。于是，他从中受到了启发，加上自配的作料，发明了这种烤吃猪肉的新方法。

丫勒烤乳猪是寨子里操办红白喜事，或者远方客人到来时，彝家人用来招待客人的一道难得的美食。吃法也比较讲究，席间，为表示对远方客人的尊重和热情，开吃前主人一般会先将猪头上的猪耳、猪蹄、猪尾等比较香脆的部分敬给客人或长者吃。吃猪耳意为“昂首阔步”，吃猪蹄意为“脚踏实地”，吃猪尾意味着“不甘落后”。客人吃到“头”“脚”“尾”，就意味着吃到了整只猪，一切有头有尾、幸福美满。

席间，热情好客的彝家姑娘，还会穿上节日的盛装前来敬酒，唱起醉人的酒歌。品着美味的丫勒烤乳猪，喝着醉人的美酒，听着动听的酒歌，那自然是神仙般的享受。

民间特色小吃

特色小吃让你体验百味彝家。世事沧桑，人间冷暖，离不开舌尖上的美食，它是一首诗、一幅画、一曲动听的歌……

甸中穆家凉卷粉。甸中老穆家的凉卷粉，在当地是出了名的，其主要原料是：本土籼米、七寸辣椒和红糖醋，辣中带香，酸中带甜，味道纯正，备受食客青睐。

老穆家的凉卷粉口佳味美的原因，关键在于凉卷粉中所放的红糖醋，这是用镜湖水库的水和土榨红糖在大锅里熬制而成的，当红糖溶化去渣后，就将糖水盛于汤盆内，冷却后放入少许白酒，然后把红糖水放入大罐内陈储，以促进红糖水微生物的发酵。

老穆家做卷粉用的米浆也很讲究，必须用清水浸泡籼米三小时左右后才能磨成米浆。过去，甸中人磨米浆，用的都是石磨。为了提高做工效率，现在家家都已用机器代替，机器一响，涓涓米汁汩汩流出，浓浓的米浆流淌着卷粉人家的致富梦。如果要说老穆家磨米浆与别人家有什么不同，其实也没什么两样，关键是他家用的米一直是昔古牙一带出产的稻田籼米。

集体盛宴

蒸卷粉也是一项烦琐的活计，卷粉人家凌晨四五点钟便开始劳作，需忙碌到天大亮。旬中逢三、八为街，天一亮，老穆家的摊铺就已经座无虚席了，大部分是回头客，食客们总是如此说："先甩（方言，吃的意思）一碗凉卷粉，再逛街。"

彝人谷竹肴。自古无笋不成席，彝人谷竹肴是难得一品的佳肴。这里的竹肴原料，来自万亩竹海，且现采现做，是一道难得一品的原生态绿色保健食品。当你面对着一桌丰盛的竹肴，与其说是菜，还不如说是一幅画，赏心悦目，不忍动箸。除了清煮竹鞭，还有春笋炒青椒、红烧干竹笋、春笋炖土鸡、爆炒竹胎盘和脆炒竹蛋，这些竹肴都很有嚼劲，汤

❶ 坡脚杂菜
❷ 罗非鱼

汁鲜美，回味无穷，还具有降脂、减肥的保健作用。

坡脚杂菜。坡脚杂菜闻名滇中，许多吃客都是冲着这道菜慕名前来峨山的。据当地人讲，这道菜已经有两百多年的历史，坡脚是清朝“邑南茶马古道”上的一个驿站，赶马人抢时间赶路，就地买来绿菜并一锅煮吃，后来当地人把赶马人的这道菜发扬光大，便形成了今天的坡脚杂菜。现在的坡脚杂菜制作是很讲究工序的，必须齐备以下三道工序：第一道工序叫作清煮。新鲜芹菜、蒜叶、白菜杆、蚕豆、粉丝、海带和豆腐皮，一起放在滚水中煮四五分钟。第二道工序叫回汤。清煮时的菜汤回锅，汤中放入辅助菜料，包括西红柿、香葱、莴笋和鲜肉片，煮片刻菜色翻绿后，把头道清煮的素菜，放入其中混煮，煮沸后连菜连汤入钵。最后一道工序叫呛油。把作料和本地辣椒面，放入滚烫的香油里爆呛，然后将呛到好处的

❶

❷

油料倒在菜上，在嗞嗞的响声中，色香味俱全的坡脚杂菜就可以出笼了。坡脚杂菜名义上仅仅是一道随意几种素菜混在一起烹制的菜肴，然而这道菜却见证了一条茶马古道的变迁史，其间的多少风雨岁月，已经融入了这道普通的坡脚杂菜之中。

小街板鸭。板鸭是以鸭子为原料的腌腊食品，据《玄武湖志·齐春秋》载：板鸭始于六朝，当时两军对垒，作战激烈，无暇顾及饭食，便炊米煮鸭，用荷叶裹之，以为军粮，称荷叶裹鸭。此为最早的板鸭。板鸭外形较干，状如平板，肉质酥烂细腻，香味浓郁，故有“干、板、酥、烂、香”之美誉。小街古时曾称“军屯”，是军粮供应垦区，沿袭了板鸭制作传统，几百年的传承，如今名满滇中。小街板鸭烹饪简便，切块或油炸，或清蒸，风味独特，香嫩可口，是宴客的佳肴，也是往来商客喜爱购买的食品之一。

小街板鸭

后记

峨山地处滇中，东北与玉溪市红塔区、通海县接壤；西南与玉溪市新平县、红河州石屏县相连；西北与楚雄州双柏县、玉溪市易门县、昆明市晋宁县一衣带水。据史籍记载，峨山地域在先秦时期属古滇国辖地；汉属益州郡俞元县地；三国时期益州郡划设建宁郡，峨山属建宁郡俞元县地；隋属南宁州总管府；唐初属南宁州绛县地；后属南诏通海都督府；宋大理国时期属秀山郡；元宪宗六年（1256 年）置嶍峨千户，隶阿僰万户；元世祖至元十三年（1276 年）改置嶍峨州，隶临安路，至元二十六年（1289 年）改置嶍峨县，隶属临安府；明洪武十五年（1382 年）仍置嶍峨县；清沿明制；民国十八年（1929 年），直隶云南省政府；民国十九年年（1930 年）更名为峨山县。1951 年 5 月 12 日成立峨山民族自治县，1954 年 6 月 18 日改称峨山县彝族自治区，1956 年 1 月 17 日始称峨山彝族自治县。

在峨山这片古老而神秘的土地上，到处溪流纵横、群山巍峨、万峰耸矗、茂林蔽日。在苍茫山峦之间，有河谷、平坝、坡地等多种地貌地形。这里土地肥沃，山清水秀，繁花似锦，动植物种类繁多。峨山历史文化源远流长，是彝族花鼓舞之乡，彝族人文祖先阿普笃慕故园。这里人杰地灵，历史上出现过很多文武奇才，如周於礼、杜韩甫、范石生等。这里蕴藏着丰富多彩的民族民间文化，彝族民间歌舞、传说故事、神话像疯长的野草，像燃烧的火焰，遍布在城市和乡村。

作为中国第一个彝族自治县，居住生活在这片土地上的彝族人民，勤劳善良，热情好客，民风淳朴。无论动荡不安的岁月，还是和平安宁的时期，他们都从不怨天尤人，像一棵树、一棵草、一条静静的河流，送走昨天，享受今天，迎来明天，用一生的时间守护着家园。

“断碑衰草寒烟里，风雨年年上绿苔。”人是自然界中的一部分，因为智人的出现，才有了各种文化，在山野河流中，在草木花鸟中，在琴棋书画中，在诗文歌舞中，都渗透着文化的品格、样式、形态、传承。本书以史为据、以事为实来构建，以图文并茂的形式表达，力求展现峨山深厚浓郁的历史文化、多姿多彩的民族风俗、秀美怡人的自然风光、色香味美的特产特色，从而展示峨山风采，树立峨山形象，让人们更多地了解峨山，走近峨山，爱上峨山。

由于时间匆忙，水平有限，书中难免出现疏忽之处，在此，敬请各位有识之士批评指正。

梦在前方，路在脚下，相信峨山的明天更美好！

《文化玉溪·峨山》编委会